教育の島発

高校魅力化&島の仕事図鑑

地域とつくるこれからの高校教育

編著

大崎海星高校魅力化プロジェクト

文

松見 敬彦

巻頭言【教育の島】を未来へ

私は本町の町長であると同時に、大崎高校（現・大崎海星高校《かいせい》）の卒業生でもあります。その前提で誤解を恐れず言えば、私が通っていたころの大崎高校には、活気と刺激がありました。子どもの数も多かったですから、時代そのものに活気があったと言っていいでしょう。しかし、少子化と生徒の進学に対する考え方の多様化等により、地元高校へ進学する生徒が減少していきました。高校の規模が縮小すると部活動の選択肢も減るという、まさに負のスパイラルに陥り、地元の中学生の支持を十分に得られない状況となったのです。

教育長の職に就いてからも忸怩たる想いは抱いていましたが、なにせ県立高校の運営に町の教育委員会が何かを言える立場にありません。町長となってからも、「高校に活力を取り戻したい」という気持ちはあったものの、ではどうすればいいのかと出口の見えないトンネルをさ迷っている状態でした。「高校魅力化プロジェクト」を知るまでは。

有名な海士町《あま》の島根県立隠岐島前高校《おきどうぜん》の事例を目の当たりにしたことで感銘を受け、学校は地域にとって共有財産であることを強く確信しましたが、ただ、当時はそれを町づくりの核にするほどの発想まではありませんでした。ちょうどその折に県教委から突き付けられたのが、大崎海星高校の統廃合案を含む

『今後の県立高等学校の在り方に係る基本計画』です。この衝撃的な高校再編プランが示された際、真っ先に私の脳裏に浮かんだのは、「もし大崎海星高校がなくなってしまったら」という最悪の未来。「義務教育しか受けられない町に、果たして魅力があるのだろうか」という猛烈な危機感でした。もはや待ったなし、「この町の存続の危機だ」とさえ思いました。

そのような危機下にあって、町長として私はこの町を、生まれ育ったふるさとをどこへ導きたいのか。どんな町にするべきなのか。先述した海士町と島前高校は疑いの余地なく素晴らしいお手本ですが、その二番煎じをすれば良いというものでもありません。その地域に合った、自分たちだから持つ資源を活かした町づくりが欠かせません。いま一度原点に還るように、何度も何度も俯瞰して考えました。この町の強みは何だろう、本当の魅力は何だろうと。インバウンド戦略？　それとも企業誘致をすべきか？　そうやって自問自答を重ねた先にたどり着いたのが、【教育の島】というビジョンだったのです。

当時、アメリカの大学のサテライトキャンパスを誘致できないかという話が持ち上がっていました。さらに我が町には、大崎海星高校だけでなく国立広島商船高専もあります。「島は、本当はこんなにも教育資源にあふれているじゃないか」と改めて気付いたのです。現住の島民にしても、ＵＩターン者にしても、若い家族が安心して我が子を育てられる町。豊かな学びにあふれ、子どもたちの笑い声がこだまし、家族の幸せが絶えない島。優しくそれを見守るシニアや古老たち。そんな未来を夢見ました。ところが、島の教育の中核的役割を担う大崎海星高校は存続の危機に瀕している。これは絶対に何とかしなければならないと思いました。

ただし、島に高校がありさえすれば良いわけではありません。【教育の島】であるためには、中途半端な延命措置を講じるのではなく、魅力ある学校として残さなければ意味がないのです。存続ではなく魅力化するのです。そのために、『大崎海星高校魅力化プロジェクト』を推進することに迷いはありませんでした。

私は町の運命をかけ、ここに大きな予算を投じる覚悟を決めました。もちろん町の事業である以上、結果が求められます。もはや後戻りはできません。正直に気持ちを吐露すれば、強烈なプレッシャーを感じていました。でも、私は今でも確信を持っています。この島の魅力は教育であると。「大崎上島って、どんな島?」。もしそう尋ねられたなら、誰もが自信を持って「魅力的な教育があふれる島ですよ!」と即答できる島にしたい。その信念が、決断を後押ししたのです。

「あなたにとって島とは何か」と聞かれるなら、私は「安寧を与えてくる場所」と答えます。私が若かったころは、「島を出て都会で一旗上げるんだ!」という考え方が主流でした。高度成長期で、おそらく日本全国の地域・地方でそのような気概の若者があふれていたと思いますし、大人たちもバンザイして送り出す感覚だったのではないでしょうか。私自身も「島はいつか出ていくもの」だという感覚でしたし、実際に大阪の大学へ進学し、大阪で就職しました。それこそ、がむしゃらに働いたと思います。ただ、朝早く家を出て、夜遅くまで働く。その繰り返しの毎日。そんな都会の生活に少しずつ疑問を抱き始めました。家族のこと、友人たちのこと、近所のおじちゃんおばちゃんのこと、海を真っ赤に染める夕日……ときおり島を思い出しては、楽しかったふるさとの日々が頭に浮かびます。ゆっくりと時間が流れているというか「人間らしい生活」ができていたんだな、と思いました。それで島に帰ってきて、今に至ります。

もちろん都会は都会で素晴らしいし、どちらのほうがいきいきと暮らせるかは人それぞれです。でも私は18歳までこの島で育ち、この島の暮らしや匂いや空気が魂に染みついていたのでしょう。私にとって、島とはそういう存在です。だからこそ、この島を未来へ繋ぎたい。【教育の島】として希望の光を照らしたい。そう考えています。

結果として魅力化プロジェクトは目覚ましい成果を上げ、さらには県立中高一貫校・広島叡智《えいち》学園も開校しました。【教育の島】はますます加速してまいります。しかしながら、まだまだ道半ば。いえ、終わりなどありません。永遠の挑戦が続いていくのです。

本書でご紹介する『島の仕事図鑑』シリーズは、その挑戦のほんの一つの事例に過ぎません。しかし、ここに関わってくれた島の人々や、大崎海星高校の先生方、子どもたち、すべての「島への想い」が凝縮されています。この取り組みとその根底にある理念が、地域とふるさとを愛するすべての皆様にとって、助力となれば幸いです。

大崎上島町長　高田 幸典

高田 幸典（たかた・ゆきのり）
第3代 大崎上島町長。1952年生まれ、大崎上島町出身。大崎海星高校の前身・大崎高校を卒業。関西大学卒業後は建設業に従事したのち、Uターン。1976年、大崎町（当時）職員入職。総務課長、教育長を経て、2011年、大崎上島町長に就任。少子高齢化が進む大崎上島において、島が持つ資源を最大限に活かした「教育の島」構想を打ち出し、統廃合の危機にあった大崎海星高校魅力化を断行、成果を挙げた中興の祖。座右の銘は「愚直に生きる」。趣味は体を動かすこと。

— 教育の島発 —

高校魅力化 & 島の仕事図鑑

地域とつくるこれからの高校教育

COLUMN

書中の役職、学年等は取材時のものです。

2014 to 2019

大崎海星高校魅力化プロジェクトと島の仕事図鑑の軌跡

2014（平成26）

2月
広島県教委が「今後の県立高等学校の在り方に係る基本計画」発表。大崎海星高校、統廃合検討対象に指定。対策実施3年・検証2年の計5年以内に生徒数80名以上の達成が存続条件に課せられる（2014年度開始時の生徒数は67名）

4月（生徒数 67）
大林秀則校長着任

行政や学校のトップらで構成・連携し、高校の活性化を協議する「学校活性化地域協議会」発足、第1回会合開催

7月
大林秀則校長と、コーディネーター・取釜宏行が出会う

仕事図鑑発案
商工会、島の仕事図鑑構想発案。この制作に大崎海星生徒が参画

10月（島の仕事図鑑 1）
仕事図鑑第1弾、制作スタート

12月
高田幸典町長、「教育の島」構想のもと大崎海星高校魅力化の本格始動を決断

2016（平成28）

3月
島の仕事図鑑第2弾・第3弾完成

4月（生徒数 69／大崎上島学始動／学校間連携実現）
新1年生を対象に「大崎上島学」本格始動

10月（島の仕事図鑑 4）
島の仕事図鑑第4弾「地域福祉編」制作スタート

島内にある国立広島商船高専に協働を呼びかけ、同校学生らと共同制作。初の学校間連携ＰＪに

2017（平成29）

3月
大林秀則校長離任（異動）

島の仕事図鑑第4弾完成

4月（生徒数 88）
中原健次校長着任

県外からの入学者5名を含む新入生39名が入学
全校生徒数88名となり、県が示した高校存続条件をクリア

大崎上島学本格スタート第2ステップ（1～2年生対象。週1コマ）

10月（島の仕事図鑑 5）
島の仕事図鑑第5弾「学びの島編」制作スタート
「生涯を通した学び」をテーマに、学び続ける大人たちの姿を取材。第4弾と同様、広島商船高専の学生らとの共同制作

2015（平成27）

魅力化推進チーム発案 / **大崎上島学トライアル** / **島の仕事図鑑 2 3**

- **2月** 円光歩、社会福祉協議会の退職を決意。コーディネーターとして本格活動開始
- 大崎海星高校、正式に「地域コーディネーター」を設置。取釜に同職を任命
- 校長および有志教員らで構成する「魅力化推進チーム」が校内に発足。大林の導きにより、ここに地域住民として取釜が参画
- **3月** 島の仕事図鑑第1弾完成
- **4月** 大崎上島町、大崎海星高校魅力化PJを予算計上PJ本格始動
- 長門拓郎教諭、着任
- 地域をフィールドとした課題解決型探究学習「大崎上島学」、トライアルで開始
- 完成した仕事図鑑を携えて広島県教育長を表敬訪問、教育長おおいに感動
- **6月** 公営塾「神峰学舎」開校
- **10月** 島の基幹産業にスポットを当て、業種ごとに企画した島の仕事図鑑第2弾「造船・海運業編」、第3弾「農業編」制作スタート
- 生徒の全国募集をスタートをするも苦戦、県外入学生は0人に終わる

2018（平成30）

教科学習連携 / **生徒数 101** / **島のみらい図鑑**

- **1月** 仕事図鑑と教科学習との連携スタート。「国語表現」の授業と連動し、記事作成の一部を生徒が執筆する形で挑戦
- **3月** 島の仕事図鑑第5弾完成
- 島における学習や研修などの支援施設「学習交流センター」完成、同施設内に、県外生の入寮を想定した「教育寮コンパス」（定員30名）開設
- **4月** 新入生36名が入学、全校生徒数101名に
- 大崎上島学本格スタート第3ステップ（全学年対象。週1コマから週2コマへ）
- 総務企画課内に「教育の島推進室」設置
- **10月** 新しい仕事図鑑シリーズ「島のみらい図鑑『継ぎて』」制作スタート。事業継承・文化継承にスポットを当て、引き続き広島商船高専の学生らと共同制作

2019（平成31）

生徒数 102

- **3月** 商工会・渡川誠之離任（異動）
- 島のみらい図鑑完成
- **4月** 新入生36名が入学、全校生徒数102名に

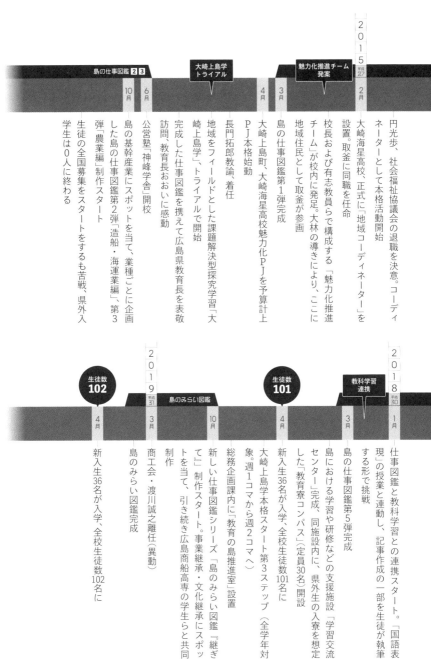

序章　海賊たちを襲った、かつてない荒波

大崎海星高校魅力化プロジェクトの発足と、『島の仕事図鑑』

高校魅力化プロジェクト（ＰＪ）――主に離島・中山間地域など、人口減少の影響で統廃合の危機に立たされた公立高校を再生し、高校と教育を核とした地域活性に挑む壮大なＰＪである。広島県立大崎海星高校も、そんな魅力化に取り組んだ学校の一つだ。そのあらゆる挑戦の中で同校が編集・発刊した『島の仕事図鑑』シリーズは、移住定住促進を目的とした小冊子。地域で働く人たちに生徒たちがインタビューを敢行し、彼らの目線で仕事の魅力ややりがいについて紹介していることが大きな特徴だが、これが同校魅力化に与えた影響は計り知れない。学校が地域と連携するきっかけを生み出し、同時に生徒のキャリア観、地元への愛着、地域住民の高校への理解・共感など、目覚ましい変容を次々と生み出した。本書ではその意義や成果、制作のポイントについて、関係者たちの声を拾いながら紹介する。

地域の高校消滅が意味する未来

過疎化による住民、特に若年層の減少は、そのまま地元高校への入学者減少を意味する。しかし、その不採算性を黙認しながら、定員割れの続く小さな学校を理由や展望もなく存続させていくのは非常に難しい。

限りがある財源のなか無駄な歳出を省いていくのは、行政が果たすべき義務であり原理原則だからだ。それは決して本意ではないだろうが、結果として取れる手段は、学校の統廃合に行き着かざるを得ない。

一方で、多くの離島・中山間地域の場合、地元の公立高校は一つだけだ。私立校ともなれば、より「経営」の要素が欠かせず、なおさら運営は困難である。あえてそこに学校を作ろうなどとは考えにくい。つまり、都市部のように多様な進路選択肢が用意されているわけではなく、「この学校がなくなるのなら、こっちの学校へ行けばよい」という単純な話ではないのだ。越境して近隣都市部の学校へ行こうにも、通学時間、距離、費用などを考えると現実的ではない。家庭によっては、まさしく死活問題だ。そんな状況下で、地域の公立高校消滅が意味するものとは何だろうか。

生み出される、連鎖的な衰退

そもそも、高校が存在しない地域で子育て世帯が生活していくのは難しい。物理的にも経済的にも、大きな負担が避けられないためだ。実際これまでも、高校進学のために中学卒業と同時に都市部で下宿したり、（仕事のある父親のみが地域に残り）母子だけで都市部にアパートを借りて暮らしたりというパターンは、全国の離島・中山間地域では決して珍しいことではなかった。しかし、そんなことがどの家庭でもできるわけではない。「これを機に、いっそのこと家族で引っ越そう」と考える世帯だって決して少なくはないのだ。

こうした背景を経てまず起こるのが、子育て世帯やその予備軍の流出である。もともと地域への愛着がある地元住民でさえ子育てが困難なのだから、新規の移住者増に期待することも難しい。通える高校がないと分かっていて、そんな地域にあえて移住しようという物好きな子育て世帯など少数派だろう。つまり、彼らの移住・定住が機能しないことで、町の少子高齢化が一気に加速するという流れだ。それは続いて地場産業・地元企業の後継者不足を招き、やがて衰退・廃業への道をたどる。食品スーパーなど、生活に必要な商業施設も経営を維持するのは難しくなる。仕事がない、買い物が不便という地域特有の課題はますます深刻化、さらなる流出者を生み出し、移住・定住を阻害する大きな障壁となっていく。

また、子育て世帯の多くは働き盛りの世代であり、行政の視点で見れば貴重な納税者である。地元の企業や産業も同様だ。彼らの不在や衰退は税収の低下を招いて、やがて財源は枯渇。医療や介護関連、交通インフラなども含む公共サービスの質低下や廃止へと繋がっていく。そんな、生活する上で最低限の安全・安心すら満足に提供できなくなれば、子育て世帯どころか、高齢者も住み続けることは困難になるだろう。

そうなると、もう転落は止められない。老若男女問わず住民は減り続け、地域はゆるやかな〝死〟、すなわち町そのものの消滅へと向かう。育まれてきた地域の歴史、文化、伝統や伝承は失われ、すべて過去のできごととなる。「何を大げさな」と思うだろうか。しかしこれは、決して飛躍した空想の産物などではない。2014年、日本創成会議が発表した推計によると、「2040年には、896の市町村が『消滅可能性都市』に該当する」と言う。つまり少子化や人口流出により、こんなにも多くの自治体が存続不可能になる危険性を指摘しているのだ。

想像してみてほしい。いや、いくつかはすでに既視感さえあるかもしれない——雑草が伸びきって、錆びたブランコが風に揺れるだけの公園を。ひび割れ、補修もされず放置された道路を。雑木林と化した耕作放棄地を。老朽化し、修繕費用も捻出できないまま誰も利用しなくなった公共施設を。二度と開くことのない商店のシャッターを。主を失い朽ち果てていく民家を。子どもたちの笑い声がまったく聞こえない町を……

かつて豊かな賑わいと暮らし、小さな幸せがあふれていたその町は、地図から消え、やがて人々の記憶からも失われていく。地域にとって高校がなくなるというのは、そういうことだ。一つの教育施設の統廃合という、単純な事象では終わらない。静かに地域を浸食しながら連鎖的な衰退を引き起こしていく、サイレントキラーだと知らねばならないのである。

海賊たちの末裔の島で

その最悪のシナリオに最初に気付き、風前の灯だった高校の再生を軸に地域の復活に挑んだパイオニアが、島根県隠岐郡海士町だったと言われる。「通いたい」「通わせたい」「活かしたい」高校づくりを掲げて同町が実行した『隠岐島前高校高校魅力化プロジェクト』(現在は、高校のみにとどまらない『隠岐島前教育魅力化プロジェクト』へと発展)は、最も有名な先駆的挑戦事例(※1)となり、同様の課題を抱える全国の自治体に大きな勇気ときっかけを与えた。「海士町と島前高校に続け！」と、全国各地で2番手グループらが走り出したのだ。そのフロントランナーのひとつとなったのが、広島県豊田郡大崎上島町と、同町唯一の県立高校（※2）・大崎海星高校である。（※1）客観的・一般的には「成功事例」と称して良いだろうが、「現在も悩みながらチャレンジを続けている」という同PJ関係者らの意思を尊重し、ここでは「挑戦事例」と呼称する（※2）2019年度より、全寮制の県立中高一貫校『広島叡智学園』が開校。

大崎上島町は、瀬戸内海・芸予諸島の一角をなす風光明媚な離島の町だ。人口は、2020年2月末現在、約7400人。いくつかの島々からなり、その中心となるのが、町名にもなっている『大崎上島』である。本土や周辺の島との間に橋は架かっておらず、広島県本土からフェリーで約30分。島の東端部・南端部から海を隔ててわずか1㎞ほど先は、愛媛県の大三島や岡村島だ。温暖な気候、潮の薫り、美しい海岸線が織りなす風景を目当てに、サイクリングに訪れる旅行者も多い。さらに、島の最高峰・神峰山（かんのみねやま。標高452・6m）には、瀬戸内海に広がる多島美を一望する、絶景の大パノラマが待ち構える。さえぎるものもなく全方位360度に視認できる島影は実に115、日本一の数と称されるほどだ。なお、のちに大崎海星高校魅力化PJの一環として誕生した公営塾は、この偉大な山にあやかって『神峰学舎（かんのみねがくしゃ）』と名付けられた。

産業面ではみかんやレモンなどの柑橘類やブルーベリーの栽培が盛んだが、注目したいのは、町の歴史や風土とも密接に関係する造船業である。町はかつて、〝海賊の島〟だったからだ。

中世のころ、大崎上島を含む周辺の島々が年貢として納めていた塩を運ぶための海路が発達。その航路を守る目的で、水先案内人としていくつかの「海賊衆」が勃興したが、その一陣として生まれたのが「大崎衆」

だった。1595年の小早川古文書にその記録が見られる。激動の戦国時代も、小早川水軍、毛利水軍を渡り歩きながら力強く生き残ってきた猛者たちだ。その後、豊臣秀吉による海賊停止令や、江戸時代の安寧によって「海賊衆」という形が存在しなくなっても、彼らの中に息づいた魂は絶えることはなかった。海賊時代に培った技術を活かし、廻船《かいせん》や造船に生きる道を見出していったのだ。それが現在の造船業へと紡がれていくわけだが、まさにどんな混乱期においても時代の潮目を読み、居場所と生業を自ら創り出し続けてきた一族なのである。

島の若者たちも、そんな海賊の末裔であるという出自を誇りに抱く者が多い。その一例が、海賊時代、襲艇《しゅうてい》（高速の連絡船）として活躍した手漕ぎ船『櫂伝馬《かいでんま》』の文化を現在に至るまで守り続けていることだ。年に一度、神事の一部として地区ごとにその速さを競う『櫂伝馬競漕』で見せる彼らの鬼神のごとき勇猛さは、まさに圧巻のひとこと。轟音のように海原へ響き渡る「報恩（ホーオン）、栄弥（エイヤ）、栄弥栄（エーヤーエー）、宝来（ホラ）、栄弥歳の歳々（ヨヤサ ノ サッサ）」の掛け声とともに、男たちが火花を散らす姿が名物となっている。近年では、櫂伝馬の活性イベントにも挑戦中。大崎海星高校の生徒有志や教員、公営塾や教育寮など魅力化PJスタッフらも巻き込んで、島から世界遺産・嚴島《いつくしま》神社まで2日間・80㎞の道のりを櫂伝馬で〝漕破〟する、『旅する櫂伝馬』などに取り組んでいる。

余命宣告、残り3年

たくましく、賢く、ときに猛々しく――時代や変化の荒波にも飲まれることなく立ち向かい、乗り越えてきた海賊たちの島だが、ついに彼らの前にも、かつて経験したことのないほどの荒れ狂う高波が現れた。人口減少と少子高齢化、それに伴って浮上した大崎海星高校の統廃合問題である。

２０１４年2月、広島県教委は『今後の県立高等学校の在り方に係る基本計画』を決定。いよいよ、学校再編の大ナタがふるわれることになった。ここで、大崎海星高校を含む1学年1学級規模の高校に対して示された重要ポイントを以下に抜粋、要約する。

①学校関係者と学校が所在する市町で「学校活性化地域協議会」を設置して、活性化策を検討すること
②これより3年間、その活性化策を実施し、生徒数80人以上を目指すこと
③活性化策を実施しても、その後2年連続して80人未満の学校については、以下のいずれかを決定
・近隣の県立高校のキャンパス校化（分校化）
・地元中学校との一体的な学校運営に移行（中高一貫化）
・統廃合（県立校から市町立校への移管・存続を含む）

分かりやすく言うと、「高校と地域で協力して、魅力ある学校づくりをしなさい」「その結果として生徒数80人以上を目指しなさい」「猶予は活性化策実施期間が3年、その後の検証期間が2年の、計5年」「失敗すれば統廃合しますよ」ということである。まったくオブラートに包まず乱暴に解釈すれば、「高校と地域が自分たちで何とかしろ、できなければ潰す」と言っているのも同然だった。

もちろん、県教委だって好きこのんでこんな通達をしているのではない。冒頭で述べたように、このような厳しい処置を取らざるを得ないのだ。事態はそこまでひっ迫していた。確かに基本計画内では、統廃合以外の可能性も示されてはいる。しかし、単なる分校化は一時的な延命措置の要素が拭えない。中学校との一貫化や町立への移管も、町の財源や体制などをふまえると難しいと言わざるを得ないだろう。こうなると、必然的に選択肢は統廃合に限られていく。しかし何らかの光明や、具体的対策のアイデアがあるわけでもない。「高校と地域で協力」と言われても、そもそも何をどう協力すればいいのか皆目見当さえつかない。協力する関係性の下地もまったくゼロだ。

なお、この時点で大崎海星高校の生徒数は、ノルマを大きく下回る67人。基本計画の対象となった1学年1学級規模の高校11校の中でも、最も生徒が少ない。すなわち、統廃合の筆頭候補だったのである。当時、島の中学生は合計で約130人だったが、例年通りなら大崎海星高校に進学するのはそのうち30%程度だ。リミットに課された3年後とは、この時の中学生が全員高校生になる時期だが、この割合が変わらなければ、総生徒数は40人ほどと想定できる。80人に増えるどころか、減っている始末だ。つまり、80人をクリアするためには、単純計算で島内からの大崎海星高校進学率を約60％、現状の2倍程度にまで引き上げる必要があったということだ。島外・県外からの入学者も積極的に募集するにしても、それだってうまくいくか分からない。だいたい、地元の子どもたちが行きたいと思わない学校に、外部からどれだけの生徒が来てくれるというのか。正直に言って、気の遠くなるような数値目標である。もちろん、それを可能にする大崎海星高校独自の魅力も創出していかねばならないが、そもそもそれができていないからの現状なのだ。歯に衣着せず言うなら、地域の人々にとって当時の大崎海星高校はその程度の存在に過ぎなかったのである。

これは大崎海星高校に限ったことではないが、地域の小規模校には、県や市町などの教育行政も大規模な教育投資を行いにくい。そのため教員数などの人的リソースは常に不足し、設備やカリキュラムの充実度でも都市部の学校に遅れを取りがちだ。例えば「物理や化学を専門とする理科の先生がいないので、生物の先生が教えている」なんていうのはよくある話なのだ。そんな状況下で手厚く質の高い教育環境を提供し、（それだけが教育や高校の魅力のすべてではないものの）大学進学率を伸ばしていくことは難しい。

大学進学に代わるような圧倒的な強みや個性的な教育コンテンツを持っていれば話は別だが、残念ながらそれもない。町の歴史と海賊イズムの象徴である船乗りを目指す若者の多くは、同じく島にある国立高専・広島商船高等専門学校へ進学していた。

もともと大崎海星高校は、島にあったふたつの県立高校、大崎高校と木江《きのえ》工業高校が統合されて１９９８年に生まれた学校だ。当時は総合学科の高校として四つの専門教育分野を擁していたが、２００８年に普通科へ移行、2010年に総合学科を完全廃止したという経緯を持つ。その判断については単純に正否で語れるものではないし、当時の学校関係者陣が「少しでも大崎海星高校を良くしよう」と必死に考えたがゆえの舵取りだ。しかし、普通科となり専門色が薄くなった上に、大学進学に強いわけでもない「とらえどころのない学校」という皮肉な現状を招いたのは、客観的な事実であった。そのことに対する地域の反発や不信感も、結果としてなおさら「大崎海星ばなれ」をあおることになっていたのである。中には、今回の統廃合案を受けて「ほら見ろ、だから言わんこっちゃない」と揶揄する者や、未知の取り組みである魅力化PJに対しても「また節操なく学校の方向性を変えるんか。ええかげんにせえよ」と批判をあらわにする者も、少なからずいた。

こうなると、教育環境や大学進学に対して一定の考えを持ち、経済力に余裕のある家庭（保護者）ならば、多少お金がかかったとしても我が子を島外の進学校へ行かせたがる。総合学科のような特色を持たず、船乗りを目指すなら広島商船という選択肢があるなかで、もはや「大崎海星高校を選ぶ理由がない」とまで言ってもいい状態。明らかに、存在意義を大きく問われていた。「大崎海星になんか入ったら、大学に行かれんじゃん」「他に行く高校がないような子が、仕方なく入るんが大崎海星じゃろ」「まあ高校なんてどこでもええけど、大崎海星ならとりあえず近いし」などといった嘲笑混じりの打算の声は、半ば島の固定概念になりつつあったのだ。それを「根も葉もない誹謗中傷だ」と言い返せるだけの材料がないことも、余計に関係者の情けなさをあおった。そんな状況で突き付けられた余命は3年（検証期間を加えると5年）、もう完全に待ったなし。完全手詰まりからのスタートだった。

プロジェクトは「人」なり

暗中模索、五里霧中、四面楚歌、孤立無援――ネガティブ要素だけで用語集が作れてしまいそうなほど、絶望的な環境から改革の歩みを進めることになった大崎海星高校。しかし、捨てる神あれば拾う神あり。この危機的状況下で、目の前の荒れ狂う高波に、意を決して飛び込んだ勇気ある者たちがいた。『大崎海星高校魅力化PJ』の推進メンバーたちである。その中心となったのは、新任校長の大林秀則と心ある教員たち、魅力化コーディネーターを務める取釜宏行・円光歩ら島の若者だ。もちろん、魅力化PJを決定・断行した高田幸典町長をはじめ、町議会議員、町職員、商工会ら行政側、同窓会など一人の島民として大崎海星高校を愛する人々の理解や協力も、抜きに語ることはできないだろう。彼らの覚悟と情熱が起こした同時多発的な化学反応の数々は、この最大の危機を見事に乗り越え、打開して見せた。大崎海星高校は統廃合を検討どころか、隠岐島前高校に次ぐ奇跡の復活劇として、全国の高校魅力化関係者にその名を知らしめることになったのである。

大崎海星高校魅力化PJとは、さまざまな挑戦の集合体だ。生徒の全国募集やそれに伴う教育寮の整備、公営塾の開設、大学進学力の強化、主体性を育むキャリア教育、都市部の高校との交流、地域特性を活かした独自の探究学習の創設、生徒自身による高校の魅力発信活動など、多くの試みが実行に移されてきた。したがって「これをやったから成功した」と、要因を一つに絞って語れるものでないことは、初めに強く申し添えておきたい。各取り組みが相乗的に効果を発揮したからこその結果であり、失敗も含めたすべての挑戦に意義と価値があったと言えよう。

しかし同PJにおいて非常に重要なカギになったのが、本書で取り上げる『島の仕事図鑑プロジェクト』であったことは間違いない。なぜなら、先述した県教委の「基本計画」でも示されていた「高校と地域の協力」によって成し遂げた象徴的事例であり、「地域に開かれた学校」「地域と共に創り上げていく学校」を目指す後続者たちにとって、ロールモデル及びベンチマークとして、非常に強い示唆を与えているからである。学校が地域と協働、共創していくとはどういうことなのか。そこに関わる者は、どのような考え方や発想が必要なのか。具体的に何をすればいいのか。『島の仕事図鑑』の企画から実行、完成、そして脈々と第6弾まで引き継がれた続編制作の過程には、そのすべてのヒントが詰まっている。

本来『島の仕事図鑑』とは、移住・定住促進を目的に作られたものだ。移住・定住希望者に向けて島の仕事を紹介する上で、島の産業、あるいは島そのものの魅力を、そこで働く人たちの目線と生の声という切り口で届ける冊子企画だった。言ってみれば、「ただそれだけの企画」である。しかし、その「ただそれだけの企画」は、島の高校生が制作に関わったことで歯車をより大きく動かし、誰も予想しえなかった数々の大きな成果を生み出していくこととなる。

結果だけ言うと、仕事図鑑は、島の子どもたちのキャリア観と、ふるさとへの想いを変えた。地域の人々が抱く大崎海星高校へのネガティブな認識を変えた。一人の教員や島を愛する住民としての生き方を変えた。大崎海星高校でしか学べないこと、ここに進学する理由と価値を生み出した。ＵＩターン者や代々の地域住民の中に、島での暮らしに対する新たな誇りを芽生えさせた。新たな魅力化企画を生み出すきっかけとなった。そして何より、大崎海星高校を次代へ繋いだ――いずれも、高校魅力化ＰＪが目指す理想の具現化そのものであるが、なぜそんなことができたのか。当事者たちの声に耳を傾けながら、彼らの行動を支えた個々の価値観や信念に迫り、その答えを紐解いてみたい。

「プロジェクトは『人』なり」という言葉を聞くことがある。ＰＪは単なる企画や政策ではなく、それを実行する人の想いや人生を反映した結晶であるという意味だ。つまりＰＪとは、一つの人格なのである。子どもだましの泥臭い精神論だと笑うだろうか。そんなことより、手っ取り早くノウハウやハウツーだけ説明してくれればいいと思うだろうか。もちろん、それらも詳細に解説する。しかし、テクニカルなことだけをなぞらえた魅力化の模倣は、おそらくうまくいかないだろう。大事なのは、全国から生徒を募集することでも、公営塾を開くことでも、「仕事図鑑」というモノを作ることでもない。それはあくまで表面的事象であり、結果論であり、一つの例に過ぎないからだ。模倣すべきは目に見えた「手段」ではなく、そこに内包された目的や考え方なのである。

大崎海星高校魅力化ＰＪ、ならびに仕事図鑑ＰＪは、間違いなくここに関わった一人ひとりの物語だった。そのドラマの中にこそ、抽象化された本質や真理が眠っているはずだ。その中からエッセンスを取り出し、いまあなたの現場で取り組むべきことは何なのか、置き換えながら見つけ出して欲しい。

正解などない。現場の数だけ、答えがある。そのことを胸に本書を読み進めていただきたい。そして、一人ひとりの現場に、高校に、町に、未来が拓けることを切に願う。

学校づくりはたのしんどい

「高校魅力化」という言葉の意味が難しい。ここでいう高校とは何をさすのか。高校教育と答えれば無難かもしれないが、そうだろうか。たとえば、「高校が楽しい」というとき、高校とはどのようなことを意味するか。それは、高校での生活、つまり、生徒間の、教員との、さまざまな場面での他者との交流、また、自分自身の日々の過ごし方、そして、学び。「化」とは、姿を変えて、もとと違った形になる、もとと違った形にするということだ。もともと魅力のない高校が、その姿を変えて何らかの魅力を付けるという意味だとすることもできるが、むしろ、学校がという主語でなく、一人ひとりの生徒がという主語で考えてみるとどうなるか。

どうやら「高校魅力化」という言葉には、高校生自身にとっての認識の問題が潜んでいるように思われる。高校での生活に魅力を感じているか、自分の学びに魅力を感じているか、自分自身に魅力を感じているか。

高校生活にも、生徒の学びにも、生徒自身にも、その魅力は、必ずある。しかし、それに気づかない。ないと思いこんでいるのかもしれない。気づく機会が用意されて、実際に気づけばどうなるか。魅力的なものに感じるとか、魅力的なものにしていこうとするとかといった、そういう意識の変化が生じるのではないか。

「高校魅力化」とは、生徒が、日々の生活の、地域の、身近な他者の、学ぶことの、そして自分の、これまで気づいていなかった魅力に、気づき、知り、その認識を基にして、自分の将来に向けて、いま取り組んでいくことである。

それが可能となるように、高校は何をどうするか。

生徒の出番をつくる

教師は生徒を教える、というと古い発想のように受けとられかねない。たいせつなのは、生徒の学びを支え、学習意欲を引き出すこと。そして、主体的な学習者に育てること。そんな指摘が聞こえてきそうだ。もとより異論はない。そもそも、そのことを教えるというのではないかと考えるが、いかがか。

いつから教えるという言葉に、教師が教科書の内容を間断なくしゃべったり、大量のプリントを配ったりするだけの一方的な授業のイメージがかぶせられてしまったのだろうか。生徒を置き去りにして、生徒の理解や興味・関心や意欲とは無関係に授業を進め、教師は満足しているが、生徒に学びの充実がない。それはとても悲しいことだ。

教えるという行為は、生徒と教師が相互に学び合い、成長を続けることに繋がるものである。だから、自信を持って教えよう。しっかり丁寧に教えよう。ただし、しっかり丁寧に教えるということが、実際にどうすることかというとなかなか難しい。

2016年7月21日の朝日新聞の『折々のことば』(464)に、学校司書の成田康子氏が聞いた生徒の言葉が載っていた。「『これってこうだよ』ではなく、『それってどうなの?』って訊いてくれるから」。生徒の心の中では、「訊いてくれるから」のあとに、ここに来るのが好きだとか、もっと考えようと思うとか、そういった言葉が続くのだろう。「訊くから」や「訊かれるから」ではなく「訊いてくれるから」と言う。「くれる」という補助動詞が使われているのは、たいせつにされているという意識の表れだ。

問いかけることは、生徒を人として対等の存在と認め尊重することによって、生徒自身の自己肯定感を養い、主体的に学習に取り組む態度を引き出す、というのは大袈裟だろうか。

教えるという行為は、単純ではない。教師が生徒に対して一方的に何かを授けるだけならば、あまり効果は期待できない。よって、生徒の出番をつくる。出番は、生徒が自ら学ぶ機会である。問いかけることによって、その機会がつくられる。よい教師は、生徒によい問いを発する。生徒が自信を持って自分で考えようとする意欲を引き出すような問いだ。

そこでは主語の転換が生まれる。教師が単に教えるということから、生徒が真に学ぶということへの転換である。自分で考える。自分で試行錯誤する。そうすることで、学びが生徒自身のものになる。

ならば、どのような出番をつくるか。

学校外のおとなも頼れる存在

文部科学省の高大接続システム改革会議は、2016年3月の「最終報告」で「このような大きな社会変動の中では、これからの我が国や世界でどのような産業構造が形成され、どのような社会が実現されていくか、誰も予見できない。確実に言えるのは、先行きの不透明な時代であるからこそ、多様な人々と協力しながら主体性を持って人生を切り開いていく力が重要になるということである。また、知識の量だけでなく、混とんとした状況の中に問題を発見し、答えを生み出し、新たな価値を創造していくための資質や能力が重要になるということである」と指摘した。

「問題を発見し、答えを生み出し、新たな価値を創造していく」には、さまざまな物事を対象として問いを立て、段取りを組んで取り組み、振り返りつつ改善を図ることが必要である。そのような探究型の学習をどう組み立てていくか。学校においては、生徒を主語にしたカリキュラム・マネジメントを進めることが求められる。

新学習指導要領はその前文で、「生徒が学ぶことの意義を実感できる環境を整え、一人一人の資質・能力を伸ばせるようにしていくことは、教職員をはじめとする学校関係者はもとより、家庭や地域の人々も含め、様々な立場から生徒や学校に関わる全ての大人に期待される役割である」としている。地域も、学校外のおとなも、頼れる存在だ。学校内外の多様な学習資源を組み合わせて、どのような場を用意するか。その工夫もまた、教えるということの重要な要素である。

かわいい子には旅をさせよ

ブリコラージュ（bricolage）というフランス語がある。広辞苑で引くと、『器用仕事』『寄せ集め細工』の意」だ。フランスの文化人類学者レヴィ・ストロースの用語で、「ありあわせの道具と材料を用いて何かを作ること。明確な概念を用いる近代的思考とは異なる、人類に普遍的な思考を表す」。

たとえば、周囲をよく見て、そこにあるものを組み合わせて、これまでなかったものをつくる。無関係に見えるものを結び付けたり、こんがらかったものを解きほぐしたりして、ああでもないこうでもないとやっていくなかで、新しいものや人に出会う。たとえば、これは何だろう、どうしてだろう、何に使えるか、どうなっていくだろうといった問いを立て、自ら解を導き出す。あるいは、つくる。

それらの経験が、生徒によい問い、そして、本質的な問いを立てる力を育てていく。探究の効果だ。まさに、「問題を発見し、答えを生み出し、新たな価値を創造していく」ことである。ただし、ここでいう「問題」とは、必ずしも厄介な事件や面倒な事柄だけをさすのではなく、どこに魅力があるかに気づいているかというような問いも含まれるはずである。

「かわいい子には旅をさせよ」という聞き慣れた手近な言葉がある。それをいまの学校教育にどう組み込んでいくか。その一つの方策が探究であると思っている。もう10年になるだろうか。当時の高校2年生が探究に取り組む中で、つぶやいた言葉がある。

「たのしんどい」。

楽しいけれど、しんどい。しんどいけれど、楽しい。教えることも、学ぶことも、たのしんどい。

荒瀬　克己（あらせ・かつみ）関西国際大学学長補佐・基盤教育機構教授／中央教育審議会初等中等教育分科会長／元京都市立堀川高等学校校長
京都市立高等学校国語科教員、京都市教育委員会指導主事、京都市立堀川高等学校教頭、同校校長、京都市教育委員会教育企画監を務めたのち、大谷大学文学部を経て現職。長年にわたり中央教育審議会をはじめとする国の教育政策形成に携わるほか、各地での教員研修や教育機関でのアドバイザーを務める。著書に『奇跡と呼ばれた学校』（朝日新書）、『子どもが自立する学校』（共著、青灯社）、『「アクティブ・ラーニング」を考える』（共著、東洋館出版社）等がある。

島の仕事図鑑…第１弾

初めての地域協働PJ。生徒も先生も地域もこれから何がはじまるのか不安だらけ、そんな状況でのスタートだった。とにかく、幅広い業界業種の人たちへインタビューしたが、そこに生徒の主体性はなく、ただ、課されたことをこなす。それが仕事図鑑のはじまりだった。

表紙なんて必要ない!?

掲載者リストを作成すると数限りなくインタビュー予定者が出てくる。１ページに２名を掲載したが、それでもまだ掲載しきれないので、表紙も使おうということになった。この冊子がなんであるかの説明も、表紙もないままデザインされた第１弾。初回からかなりぶっ飛んでいた。

CHAP.
1

校長　リーダーとしての覚悟が、プロジェクトの発動力

大林秀則は、大崎海星高校が魅力化ＰＪをスタートさせた際の校長だ。校内にさえ魅力化に懐疑的な空気もある中で、強い覚悟を示して中堅・若手教員らを鼓舞。リスクや失敗の憂いなく、彼らがのびのびと魅力化に取り組める環境を整備した。また、有志教員らで構成する魅力化の実行チームを校長直下で設置し、意思決定と行動のスピードを一気に加速。さらに、地元在住の若者・取釜宏行をそこに引き入れ、地域と繋がる基盤を固める。結果として、その取釜が商工会から持ち込んできたアイデアが「島の仕事図鑑ＰＪ」であった。生徒を次々と地域のフィールドに送り出しつつ、積極的に校外の人材や知見を登用、大崎海星高校を「地域と共にある学校」へと変貌させていった。

本当にそんなことができるのか

大林秀則は、頭を抱えていた。校長として、大崎海星高校への赴任辞令が下ったときのことである。「ほんまにそんなことができるんか……」。

大林は、大崎海星高校魅力化ＰＪ、ならびに仕事図鑑ＰＪを語るにおいて、決して欠かすことができない中心人物である。両ＰＪがここまでの成果を残せたのも、大林の強烈で卓越したリーダーシップと、フルアクセルで猛進するブルドーザーのごとき実行力あってこそだ。ひとことで表現するなら、まさに〝男気〟という言葉がふさわしいであろう。統率力、行動力、情熱、覚悟……それらを常に言葉で、態度で、結果で示し続けるその姿勢は、心地良ささえ感じさせる。事実、後述する石井や長門ら、ＰＪに身を投じた教員たちの多くが大林という男に惚れ込み、彼と運命を共にする決意を固めた。魅力化推進チームのメンバーの中には、そんな彼らを「大林組」、大林を「組長」と称して冗談を言う者もいるほどである。「何をやるかより、誰とやるか」という言葉があるが、まさしく「この人について行こう！」という気持ちを湧き起こしてくれる、極めて偉大なリーダーである。

そんな大林なだけに、生徒からの信頼も厚い。普通の学校ではなかなか見られない光景ではないだろうか、放課後、校長室を覗けば、たいてい何人かの生徒がたむろしている。大林とおしゃべりがしたくて、何かと理由をつけてはここに来ているのだ。大林も「ここはお前らの家じゃないんど！ 仕事のジャマじゃ、はよう帰れ！」とつっけんどんに追い払おうとするものの、それが本心ではないことを、生徒たちもよく知っている。一人の教師としても、組織のリーダーとしても、彼を慕う者は後を絶たないのだ。

その大林が、悩んでいた。自らに求められたミッションが、あまりに重かったからだ。２０１４年４月、当時51歳。前任校で教頭を務め、校長となり初めて赴任する先が大崎海星高校だった。普通ならば、栄えある昇進を素直に喜ぶべき場面である。理想とする教育を実現すべく、意気揚々と校長としてのキャリアをスタートさせればいい。しかし大林の場合は、少々雲行きが違っていた。着任に先立つ同年2月、広島県教委は『今後の県立高等学校の在り方に係る基本計画』を発表していたからだ。この基本計画により、大崎海星高校は、統廃合の可能性を検討する対象校にリストアップされた。つまり「数年後に消滅するかもしれない」という前提の学校に、その立て直しを背負って着任したのである。もしうまくいかなければ、自分は新任にして歴代最後の校長になるかもしれない。誰もそんなことを望んでなどいないのは分かっているが、結果として自分が終焉の使者となってしまう可能性もあるのだ。

しかしいずれにせよ、すでに石は坂を転がり始めていた。そこで大林は意を決し、旧知の県教委職員にその心中を吐露した。「ワシにこんな重大なミッションが果たせるんでしょうか……」。息を飲む大林に職員は答えた。「大崎海星を頼む！ なんとか復活させて欲しい」。基本計画が示した、3年（検証期間を含めて5年）以内に生徒数を現在の67名から伸ばし、80名を満たすことができなければ、どのみち大崎海星は終わる。自分が頑張ろうと頑張るまいと、その事実は動かない。退路はないのだから「どうせ倒れるなら前のめりに！」だ。腹はくくれた。「よっしゃ、分かった。ほんならもうやるしかないのぅ！」。

客観的に考えれば、のらりくらりと事なかれの数年間を過ごすこともできたかもしれない。何もなかったかのように、次の任地へ赴けばいい。大崎海星がなくなってしまっても自分のキャリアに何ら影響はないし、個人的な不利益があるわけでもないのだ。しかし大林は当時を振り返ってこう語る。「確かに大崎海星はワシの母校でもなんでもありません。でもワシはね、新人のころから赴任したすべての学校を、第２・第３の母校じゃと思うてやってきました。どんな学校であれ、そこを選んで入学してきた生徒らがおる以上、そいつらの大事な母校をなくすわけにはいかんのですよ。え？　なんでそんな発想が持てるのかって？　そりゃあ……」。大林は少し間をおいて考えこみ、ゆっくり、静かに、しかし力を込めてこう言った。「目の前に生徒がおるからですよ」。

本気で立て直すとなれば、それこそ血反吐を吐く覚悟で臨まねばならない。課題だって数えきれないほどあるどころか、そもそも何が課題なのか、それすらもまったく手探りの状態だ。不安だらけ、いや、不安しかないと言っても良かっただろう。それでも、大林はどこかわくわくしていた。滾っていた。カバンの中にプレッシャーをパンパンに詰め込みながら、そのわずかなすき間に小さくも力強い希望を添えて、島へと渡るフェリーに乗った。

孤立無援のジャングルで

こうして、島の地に立った大林。気合いは十分だったとは言え、何から手をつければいいのかさえ皆目見当がつかない。一介の教師でしかない自分に、学校再生の専門ノウハウなどあるはずもないし、地域や行政と協力体制を築こうにも、島に知人など一人もいないのだ。支援物資も補給路もない戦地のジャングルに、たった一人でパラシュート降下した新兵の気分である。しかも武器さえ与えられていないのだから、悪い冗談どころの話ではない。腹をくって来たつもりだったが、案の定、前線には課題が山積していた。まずぶち当たったのは、基本計画で設立の指示があった「学校活性化地域協議会」の件である。

同協議会は、学校と地域が連携する基盤となる組織だ。メンバーは高田幸典町長以下、教育長、商工会、同窓会、小中学校の校長など。ここに大林も加わり、高校が目指す方向性や具体的な施策などを話し合って実行に移していくのである。ある程度の人選と橋渡しだけは前任の校長が済ませてくれており、大林は着任早々その会合の席に着いたのだが、ここでのある〝空気〟に、猛烈な違和感を抱いた。言葉はさまざまだったが、メンバーらの言っていることを要約すると、「とりあえず高校が自力でなんとかしろよ」というものだった。まるで他人事だったのだ。少なくとも、当時の大林にはそう感じられた。

みんなで危機意識を共有し、協力して共に汗をかきながら問題解決を目指す集団をイメージしていたが、何の建設的な意見も方向性も示されることなく、ただ叱咤激励されて終わった初めての会合。大林にしてみれば、単身で降り立ったジャングルで、やっと合流できた援軍からいきなり見放され、一人で生き残れと言われたようなものである。「うわぁ……こんなん、どこから手を付けりゃええんじゃ……」というのが第一印象であった。同時に「そうか、こんなもんなんか……」という落胆だけが残る。同席していた県教委の職員も、やるかたない表情を浮かべてこっそりこう漏らした。「私は、基本計画の対象となった11校すべての協議会会合に立ち会ってその空気感を見てきたけど、正直、大崎海星が一番厳しいかもわからんね……」。

ただ、協議会メンバーの名誉のために事実を補足しておくと、彼らとてやる気がなかったわけではない。やる気がないどころか、大崎海星高校が現在のような復活劇を遂げるにあたり、その後の彼らの理解と協力は欠かせなかった。大林自身も、最初の印象は自分の思い違いだったと申し訳なさそうに言う。

そう、彼らも分からなかっただけなのだ。「地域と学校が連携する」とはどういうことなのか。その過程の中で自分が何をすればいいのか。手探りなのは大林だけではなかったのである。すでにスタートの号砲は鳴っているのに、互いにスタートラインに立ったまま相手の出方を様子見する膠着状態。それくらい、誰もが戸惑っていた。

のちに高田町長は、その日の会合のことをこう明かしている。「もちろん、大崎海星高校を何とかせにゃあ！という気持ちは持っとりました。しかし行政という立場にあって、高校の運営にどこまで踏み込んでええものか……おそらくみんな、そこに戸惑っておったんじゃと思います。『高校魅力化ＰＪ』なんですから、その主導権はあくまで高校側にないといけません。町がイニシアチブを握ってあれをやろう、これをやろうと介入しすぎるのはどうなのかと。かえって高校側の主体性を削いでしまいかねません。そのバランスが難しかった。大崎海星は私の母校でもありますし、個人的な想いを言い出せば、やりたいことはそりゃあいくらでもありますよ。しかしそれをグッと飲み込んで、高校側から動いてくれるのを待つべきではないかと思いました。魅力化にはそれぞれの立場でそれぞれの役割がありますが、私が行政の長として果たすべきミッションは、魅力化のための予算をしっかり作ること。いざ高校が「これをやりたい！」と言ってきたときに、全力でバックアップできる体制を作っておくこと。安心して高校が挑戦できる環境を作るのが私の務めじゃ！――そう思うとったんです」。

コーディネーターとの出会い

ともあれ、動き出した大崎海星の魅力化PJ。最初に波紋を広げる一石を投じてくれたのも、やはり高田町長であった。結果から言うと、ここで生まれた細い糸のような縁が幾重にも折り重なって頑丈な帆布となり、やがて風を受け、魅力化という船を推進していく原動力となる。大林をして「みんなワシのことを功労者扱いして褒めてくれるけど、ほんまのキーマンはワシじゃのうてこの人よ。この人なしで、魅力化は絶対にうまくいかんかった」と言わしめた島の若者、取釜宏行《とりかまひろゆき》（当時30歳）との出会いである。

取釜は、後述する円光歩《えんこうあゆむ》と共に、「大崎海星高校魅力化推進コーディネーター」として大林および魅力化を支えていくことになる人物だ。「コーディネーター」の役割をひとことで言えば、地域と学校を繋ぐこと。ここ大崎上島でも、当初はお互いが警戒し合うかのような関係性だった「地域」と「学校」。そんな両者を繋ぐハブとなり、チームとして機能させていったのも、取釜らの功績が大きい。仕事図鑑も、取釜らが地域に根付かせてきた人的ネットワークが大きな助けとなっている。

取釜はもともと島の生まれだが、進学や就職で一時は東京や京都で暮らしたのちUターン。小中学生向けの私塾を開き、島をフィールドとした個性的なキャリア教育活動を行っている。島の移住定住促進事業なども手伝ってはいたが、当時の大崎上島には「魅力化推進コーディネーター」などという役職や仕事はなく、大崎海星高校との接点も特にない。取釜自身も島外の高校へ進学していたためだ。言わば、ただ生まれ育った島が大好きで、あれこれ地域の世話を焼きたがる熱心な青年の一人でしかなかったのだが、そんな取釜のバイタリティを見ていた高田町長が大林に繋いだのである。ただしここでも、取釜と一緒にあれをしろ、これをしろとは言わない。ひとまず繋ぐから、そこから自分たちで何かを生み出して欲しい。何か小さな化学反応でも起これればと期待したのだ。「活きのええ若いのが一人おる。何ができるか未知数じゃけど、おもしろいヤツじゃけん、一度会ってやってもらえませんか」。結果としてそれは、化学反応どころの話ではなかったのだが。

取釜や円光のように、コーディネーターが地元出身者であることは大きなアドバンテージである。地域に対して自前の繋がりをいくつも持っているからだ。大林も「地元出身者がコーディネーターじゃったことは、結果として本当に大きかった」と述懐する。仮に人事異動などでキーマンがいなくなっても、地域に定着して引き継いでくれる人物がいれば、推進力を失わずにPJを継続していきやすいこともメリットだ。

ただ、地元の人間がコーディネーターを務めることは確かに有利ではあるものの、絶対条件ではないことも認識しておきたい。地域おこし協力隊など、「ヨソモノ」として参画したコーディネーターが活躍している事例は全国に多数ある。

もしヨソモノの立場から地域のコーディネーターに就いたなら、あるいはコーディネーター的役割を求められる教員や行政職員の立場にあるならば、最初は地元住民の中から理解者・協力者を見つけ出すことに注力すると良いだろう。大林もこう言う。「自分が外からやってきて孤立無援、コーディネーターもおらんっていう場合もあると思います。そういう時はまず誰でもええけん、地域にネットワークを作ることですよ。町長さんでもええし、高校の同窓会長でもええし、ＰＴＡ会長でもええ。とにかく地元の人と仲良くなることですね。そこから広げていくんです」。

もう少し戦略的なアドバイスを送るなら、町長などの行政長、換言すると「ある程度地域に精通していて、ある程度お金の自由が利く立場の人」に会いに行くといいだろう、と大林。直接その人を仲間に引き込めなくても、「こういうこと（魅力化）をやりたいんですが、誰かいい人がいたら紹介してもらえませんか？」という助力の請い方もあるからだ。「ほんで後はもう、熱意しかないですよ。ああしたい、こうしたい、力を貸して欲しい……想いのたけをぶつけるんです。ワシが言うんはおこがましいけど、結局最後に人を動かすんはそこじゃと思いますよ」。

確かに置かれた状況、与えられた条件は地域によって違う。よその地域を羨ましいと思うこともあるだろう。だが少なくとも、大林の言うような「行動」を起こしてもいないのに「うちの魅力化が進まないのは、地元出身のコーディネーターがいないからだ」などという言い訳に逃げるべきではない。厳しい言い方をすれば、そのメンタリティでいるうちは、たとえ地元のコーディネーターがいたところでおそらくうまくいかないだろう。外的要因に責任を転嫁して「自分のせいじゃない」と言っていれば楽だが、それは何も生み出さない。ないものは自分で作る、できないなら他の方法を考える、そんなクリエイティブマインドをいつも持っておきたいものだ。

逆に地元住民の立場から協力したいなら、コーディネーターが地域に入っていきやすいようにサポートしてあげると良いだろう。キーマンに引き合わせるのもいいし、最初は飲み会でも趣味のサークルへの勧誘でも何でもいいのだ。

「こんな校長がおるんか！」「こんな若者がおるんか！」

さて、さっそく取釜にコンタクトを取ることにした大林。電話をかけ、ストレートに「会いたい」と伝えた。取釜自身も、大崎海星高校の統廃合とその先に待つ島の衰退に強い危機感を抱き、高校との連携を模索していたが、町長と同じ気持ちだったのかもしれない。一介の地域住民でしかない自分が、いきなり「高校を地域に開放して、改革していきましょう！」などと乗り込んできたところで、怪しまれるだけだ。接点がなく困っていたところだった。そこへ高校の校長自ら連絡をしてきたのだから、何という巡り合わせだろうか。これには取釜も驚いたと言う。

この不思議な縁を「運命」と表現することは簡単だが、仮に運命だとしても、迷信的な力がそうさせたのではない。間違いなく、大林や取釜が意思を持って「動いた」からだ。動いたからこそ、そこに接点が生まれた。動いたからこそ、高田町長も二人を引き合わせることを発想できた。「人が動くからこそ、運命も動く」――これは普遍の真理だろう。

一つのPJが大きな成功をもたらすとき、時として「運」という要素が働くこともあるのは事実だ。しかし、それは結果論であって、それに頼るのは間違っている。自ら運命や成果を切り拓くことを手放した思考停止であり、責任の放棄である。人事を尽くした者のみが、天命を待つ資格を手にできるのだ。彼らの邂逅は、それを体現していた。

取釜をさらに驚かせ、感激すらさせたのは、大林が見せた「本気度」だった。アポイント打診の電話口で大林は「今日、すぐ会えないか」と言う。それはありがたい話だが、仕事で夜の10時以降でないと時間が取れない。しかし大林は、さも当然かのように「じゃあその時間で」と、深夜に教頭を伴ってやって来た。何も別にこんな時間でなくてもいい。今日はゆっくり休んで明日に改めても大差はないし、誰が責めるわけでもない。それでも大林は「いま会いたい」とやって来た。取釜はその時の感動をこう語る。「ここまでやれる校長先生がおるんか！」。

それは大林も一緒だった。「大崎海星の卒業生でも、議会や行政の人間でもないのに。心から島の将来を憂えて、必死にがんばっとる。島にこんな熱心な若者がおるんじゃのう！」。彼となら絶対に仲間としてやっていける、直感でそう思ったと言う。

実はその日話したことは、あまり覚えていない。あんなことをやりたい、こんなことに挑戦してみたらどうか……とりとめなく語り合ったような気はする。それほど、お互いがお互いに感動していた。嬉しかった。

とにかく、とりあえず、いますぐ、やる

やや時をおいて、秋の足音が聞こえるようになった2014年10月。取釜がこんな話を持ってきた。「いま、島の移住定住促進のために、商工会と協力して島の仕事を魅力的に可視化できるような冊子を作ろうという話が出とるんです。せっかくじゃけん、ここに海星高校の生徒を絡ませたらどうかと思うんですが……」。大林は、二つ返事で飛びついた。

誤解のある表現だが、特にその企画自体に強い魅力を感じたわけではない。「とにかく生徒を地域に送り出したい」、大林が考えていたのはその一点だった。「あのころの大崎海星は、生徒も学校も、地域から認められとらんかった。だからとにかく何でもええけん、生徒が地域に飛び出して行って、そこできらきら輝いとる姿を見て欲しかったんですよ。そうすれば少しでも、『大崎海星の子らが頑張っとるのう』と分かってもらえると思うて。どんな形でもええから、第一歩を踏み出さんと何も始まらんかったんです」。これが、仕事図鑑の始まりだった。

確かに仕事図鑑は、生徒が島で働く大人たちの人生観や仕事観に直接触れることでロールモデルと出会っ

たり、これまで知らなかった島の仕事やその魅力に気付いたりなど、キャリア教育としての意義は絶大だ。実際に、そこが脚光を浴びている。しかしそれらは「ぜんぶ後付けですよ」と大林。「結果としてそうじゃったかもしれんけど、キャリア教育的な目標を掲げて始めたPJじゃありませんからね。とにかくワシは、一刻も早く地域と生徒の接点を作りたかっただけで」と明かす。

ただ、これも結果論かもしれないが、この考えとスピード感は極めて重要だ。学校という組織が何らかの教育プログラムを作ろうとするとき、とかく完璧なものを求めたがる。教師という職業意識がそうさせるのか、少しのズレや不備も許せない、100点満点でなければいけないという思考回路が働くのかもしれない。少し意地悪な言い方をすれば、頭が固く融通が利かないのだ。特に地域へ生徒を出して行こうとなれば、「事故やクレームがあったらどうするんだ」と、過剰なまでのリスクヘッジを求める意見も少なくない。お決まりの「ダレガセキニンヲトルンダ」だ。目的や効果を明確に定め、企画に抜けや漏れがないか何度もシミュレーションしているうちに、あるいは関係各者からGOサインをもらえるのを待っているうちに、結果として時間がかかったり、プロジェクト自体が自然消滅したりというのもよく聞く話である。統廃合の危機を抱える学校ともなれば、そんなことをしている間に学校自体がなくなってしまうのだから、皮肉にもほどがある。この点において、大林の動きは早かった。「とにかく、やる」。「とりあえず、やる」。「いますぐ、やる」。秋に企画の産声を上げた仕事図鑑は、年度内にはすでに完成・発行に至っていた。

「もしもの場合に誰が責任を負うのか」という懸念に対しても、大林の答えはシンプルだ。「そんなもん、ワシに決まっとるじゃないか。他に誰がおるんな」。愚問だと言わんばかりに涼しい顔でそう答える。大林が抱くその覚悟と懐深さは、学校内外の魅力化メンバーらにとって、絶大な推進力であり後ろ盾だ。背後を気にしなくていいという安心感は、彼らに、失敗を恐れないのびのびとした行動力を与えた。取釜ら地域や行政側の人間も、人としての大林に全幅の信頼を寄せた。

まだ見ぬ世界を見に行こう

地域に仲間を作ることはもちろん大事だが、同様に学校内の同志を作ることも欠かせない。いくら校長だけが熱心に旗を振っても、実動する現場教員らの協力なしにPJは動かないからだ。しかし当然ながら、大林の熱い気持ちも、すべてに責任を取るという覚悟も、全員が理解や共感を示してくれるわけではない。魅力化PJが動き出そうとしたときの教職員たちの反応はまちまちで、興味を示す人、示さない人、半々だったと言う。

しかしそれは、ある程度仕方のないことであろう。そもそも、社会問題となるほど教員たちは忙しい。これ以上仕事を増やされてはたまらないのである。しかも、地方の小規模校は配置される教員の数も少なく、一人ひとりの業務量は増えがちだ。退職間近のベテランがいまさら面倒を抱え込みたくないと思う気持ちだって、責めることはできない。大林もそれは織り込み済みで、「全員の総意を得ようとは思わなかった」

と言う。「やる気のある若いのが何人かおったらそれでええ」と考えていたし、実際にその候補もいた。取釜と同じく、「仲間」として信用できるメンバーだ。彼らが、のちに〝大林組〟と呼ばれた教員たちである。

大林は言う。「彼らに共通しとったんは、出口は見えんけど、一生懸命やっとれば何かええことがあるんじゃないかとか、子どもたちが元気になるんじゃないかとか、おもしろいことができるんじゃないかとか、そう考えられるヤツらじゃったことですね。ワシ自身も、彼らとおったらそういう気持ちになれました」。

もちろん、人材マネジメントの観点においては、多少のタクティクスやオペレーションは意識する。ただ、大林の用兵術の基本は「腹の中を見せること」だ。余計な駆け引きは極力排除し、「一緒にやろう！」と最短ルートで踏み込む。

インターネット動画でも有名な、「裸の男」「踊る男」などと称されるリーダーシップの教訓がある。内容はこうだ。草原の中、上半身裸で踊る一人の男。「いったい何をしているんだ？」。周囲はこの奇行をいぶかしみ、かかわりを避けて男を嘲笑する。それでも気にせず、ただ楽しく踊り続ける男。すると、その様子に惹かれたのか、群衆の中から一人の別の男が一緒に踊り始めた。楽しそうに踊る二人。そうしているうちに、今度は「三人目」が現れた。そして四人目、五人目と、次第にその輪に加わっていく。やがて踊っている者たちのほうが主流派になり、ついには、そこにいた全員が熱狂的な踊りの渦に引き込まれていった――。

この教訓にはいくつかの解釈があるが、その一例が「リーダーは、まずバカになって自ら行動を示せ」「そうすれば、次のフォロワーが必ず現れる」「やがてそれはムーブメントとなり、爆発的に動き出す」というものだ。大林はまさに、最初に躍り出した〝バカ〟だった。

いまでも、仲間内で語り草になっている言葉が二つある。「誰も見たことのない、まだ見ぬ世界を見に行こう」――これは魅力化ＰＪを始めるに当たって、大林が魅力化担当の教員らにかけた言葉だ。「結果はどうなるか分からんけど、誰もやったことのない挑戦をしようとしとるんじゃから、それは当たり前。でも、だからこそ、誰も見たことのない世界も見られる。それを見に行かんか？って言うたんです」。大林の右腕として魅力化担当教員の筆頭格だった石井孝明教諭に至っては、こうも言われた。「めちゃくちゃ忙しゅうなる。じゃけど、架けた梯子はワシが絶対に外させん。すまんが石井さん、ワシと一緒に死んでくれや」。

そこまで言われて心が震えない人間がどれほどいるだろうか。メンバーらがどんな想いで自分について来てくれたのかは分からないが、大林自身は彼らに対していまもこんな気持ちを抱いている。「なんでワシがそこまで頑張れたんかって、『一緒に死んでくれ』と言えるほど強く協力を求めることができたんかって聞かれることも多いけど、それはもう、ひとえに彼らじゃったから。彼らじゃったからこそ、できたんじゃと思います」。

互いが互いに惚れ込んで結成された、まさに最強チーム。現在は大林を含めほぼすべてのメンバーらが、それぞれ次の任地や新しい人生へと旅立って行った。大崎海星高校で共に魅力化に取り組むことはもうないだろう。しかし、名もなき勇者たる彼らが流した汗、示した行動、遺した財産は、次代の魅力化メンバーたちへと継承され、そして永遠に語り継がれる。

学校を、オールウェルカムな場所に

「ワシはあれこれ緻密な計画を立てるのは得意じゃありませんが、学校が地域に開かれた存在になるためにも、とりあえず学校の敷居を下げることは意識しました」と大林。取釜や円光らコーディネーターを始めとする、外部の魅力化協力者が学校に入ってきやすいウェルカムな環境を生み出そうとしたのだ。

普通、学校という空間の中にいるのは生徒と教職員だけであり、それ以外の人間が校内を闊歩しているなんて、従来の常識からしたら異常な光景だ。しかしその固定概念こそ「地域に開かれた学校」を妨げる悪しき先入観とも言える。もしかしたら、外部の人材を引き込むことに、「リスクが」「セキュリティが」などという声も陰ではあったのかもしれないが、大林は気にしない。聞く耳も持たない。全責任を自分が負う覚悟はとうに決めていたのだから。

とは言え、一方的に「ウェルカムですよ!」「いつでも来ていいよ!」と言ったところで、外部の人間からすれば用もないのに学校には行きづらいものだ。そこで大林は意図的に「用」を作るよう仕向けた。まず、校内の協力的な教員ら、すなわち〝大林組〟のメンバーらを中心とした「魅力化推進チーム」を設立。このチームは、町長らと構成する「学校活性化地域協議会」のような意思決定機関とは別に、現場の教員たちで魅力化活動を立案したり、実施したり、検証したりすることを目的とした中核的なグループだ。

組織マネジメント的に考えると、主幹・主任クラスなどの決定権者が魅力化にあまり協力的でない場合、合意形成の乱れ・遅れが生じ、活動のスピード感も失われる。残念ながら、反対のための反対をされたり、提案や企画の重箱の隅をつついてうやむやに先延ばしされたりすることは珍しくないからだ。大林はこれを見越し、幹部やその他の専門部会などの下に推進チームを置かず、校長直下の独立部隊として位置付けた。

もちろん、反対派にイヤミを込めているわけでも、非難しているのでもないし、魅力化推進派と抵抗勢力とを分断して対立構図を作る気などもまったくない。「魅力化は魅力化担当教員ですべてやりますから、(乗り気でない)みなさんの手を煩わせることはありませんよ」というだけの話だ。建て付けとしては単なる分業。責任と権限を分散して明確化しただけであるが、チームはがぜん動きやすくなる。そしてこの「魅力化推進チーム」に取釜を招き入れたのだ。

現在は、このような体制を作って魅力化を進めている高校も増えてきたが、当時としては画期的な試みである。大林も「理屈とか理由とか抜きで、もう本能的に『これは絶対にやらんにゃいけん』と思うて、スパッと決めました」と笑う。

自由闊達に意見を交わし合う場であって、細かいルールなどもないが、最初に一つだけ約束を決めた。「後出しはナシ」ということだ。「堅苦しい場にしとうないし、和気あいあいとやろう。ただし、後になって『実はあの時こう思ってたんですよ』って言うんだけは禁句じゃ。何でもええけん、思うことがあるならとりあえず言え。いま言え。あとは、自分の担当する仕事を責任持ってやろうやと」。企画を出し、計画表を策定し、進捗を共有し、評価シートも作って、週に1回のペースで意見をぶつけ合った。

教員らは「こんなことをやってみたい」とアイデアを語る。取釜は「地域でこんな動きがあるけど、一緒にやれませんかね？」と情報を運んでくる。次々とシリーズを重ねていく仕事図鑑もそう。島の有志らと共に手漕ぎ船で約80㎞の海路を漕破する「旅する櫂伝馬」もそう。地元の手作りマーケット「オキウラマルシェ」への出店もそう。大崎海星高校を象徴する地域連携や魅力化活動のほとんどが、この「魅力化推進チーム」から産声を上げた。

プレゼンの「プ」さえ分かっていなかった子どもたちが……

大林自身は意思決定者であり、仕事図鑑の制作を直接的に主導したのは、コーディネーターと後述する長門教諭らだ。詳細は彼らの言にて別途触れるが、生徒たちの自信や島に対する意識、コミュニケーション力の変容は、大林にも明らかに見て取れた。

いわゆる探究型や課題発見・解決型のような一定の正解がない学習方法においては、学びのあとのリフレクションやアウトプットが重要になってくる。正解がないからこそ効果測定もしにくく、その学習から何を得たのかを生徒自身が自覚したり、成果物で示したりする機会がなければ、「あー、楽しかった」で終わってしまいかねないためだ。

当時広島県は、「広島版『学びの変革』アクション・プラン」を掲げ、主体的な学びや、課題発見・解決型学習、地域との連動を進めて行こうという機運が高まっており、結果論ながら仕事図鑑はまさにこの象徴的事例と言えた。そこで大林は、仕事図鑑第1弾が完成したわずか1カ月後、生徒たちを連れて当時の広島県教育長を表敬訪問し、成果報告させてもらえるよう取り計らう。離島に暮らす高校生が県の教育行政トップと会談して直接プレゼンさせてもらえるなんて、これ以上ないアウトプットのステージだ。ますます自信に繋がるに違いない。教育長も常々「どんどん生徒を連れてきて欲しい」と公言しており、絶好の機会だと考えたのだ。

ただ、そこまでは良いとしても、正直、生徒たちにどのレベルのプレゼンができるかは分からない。原稿をただ棒読みして終わるかもしれない。緊張して、グダグダになってしまうかもしれない。まあそれでもいい、経験することが大事だと思っていた。

ところが、生徒たちはそんな大林の予想を、余裕しゃくしゃくで飛び越えて見せる。「そりゃあもう、知ったふうな顔で生意気なことを言いよるんですよ。『教育長は、Iターンとは何かご存知ですか？』なんてね」。そう語る大林の目尻は下がりっぱなしだ。教育長もいたく感心・感激してくれたようで、「まさにこれぞ、『学びの変革』アクション・プランだ！」と、ことあるごとに仕事図鑑と生徒たちのことを喧伝してくれた。

ほんの少し前まで、プレゼンの「プ」さえよく分かっていなかった子たちである。シャイで、知らない人とのコミュニケーションが際立って苦手だった子たちである。仕事図鑑の企画が動き出した時でさえ「そもそも、この子らにできるじゃろうか……」と不安視していたほどだ。それがどうだろうか、この堂々たる姿は。「生意気」などと揶揄しているが、それは大林の辞書において「立派」と翻訳される。それもこれも、仕事図鑑で挑んできたインタビュー経験が、彼らに壁を打ち破らせたことは明白だった。

同時にそれは、磨けば光るポテンシャルを、島の子たちが最初から持っていたことの証左でもある。島育ちだからあれができない、これができないというのは、当の本人たちの自己認識も含めてとんでもない思い込みだ。機会さえ与えてあげれば、自分たち大人がその環境を整えさえすれば、子どもたちは無限に伸びる。それを学校と地域が総力を結集してやっていくのが高校魅力化だ。改めて、強くそう確信した。

学校が外の力を借りるのは、恥ずかしいことじゃない

大崎海星高校魅力化PJに関わったことによる、自分自身の一番の変化・成長を問われて、大林はこう答える。「魅力化に関係なく、すべての学校がもっと地域と連携すべきだという教育観を抱くようになりました。これからの時代、PBLや探究学習、いわゆる〝答えのない学び〟の重要性が注目されていくでしょう。でも、その題材にせよ、示唆を与えてくれる大人の存在にせよ、学校のリソースだけでは限界がありま す。その点、地域はどうです？ 学びの宝庫じゃありませんか！」。そして、体重の乗った言葉でこう言った。

「もう、学校は閉じとっちゃいけん。学校を聖域化して外部の知見を拒むんは、単にワシら教員がちっぽけ

で個人的なプライドを守ろうとしとるだけであって、教育者としての矜持とは違うんじゃないかと思います。子どもたちの学びの利益を最大化することがワシらの使命なら、そのために学校が外の力を借りるんは、決して恥ずかしいことじゃないんです」。実際、大林は大崎海星を離れたのちの新たな赴任地でも、熱心に地域との連携に取り組み続けている。

「人が、人を呼んでくる。人が、人と知恵を運んでくる」――これは、大崎海星高校でのチャレンジを続ける中で、あちこちで成果の発表を求められるようになった大林がその場で必ず口にする言葉だ。「人と知恵」。それは町長であり、取釜であり、教員たちであり、地域住民であり、外部の専門家であり、彼らが新たに引き入れてくる仲間であり、それぞれが持つ知見であり……自分が動くことで人と繋がり、それがまた新しい人を呼び、連綿と繋がっていく。「繋がること。繋がるために、動くこと」。もし、コツのようなものを端的に問われるなら、おそらくそう答える。

大崎海星の成功要因を聞かれるたび、大林はまっさきに取釜の存在を挙げる。そう聞くと「うちの地域にそんな存在はいないから……」「大崎海星は特殊事例だ」という意見も出ようが、大林は言う。「確かにワシが取釜さんと出会えたんは、宝くじに当たったようなもんじゃったかもしれん。でも、探せばきっと一人くらいは、そういう人がどの地域の中におると思いますよ。じゃけん、自分で動いて、自分から繋がりに行かんにゃならんのです」。町長から紹介されてすぐさま取釜に会いに行ったのは、きっとそういうことだったのだろう。宝くじも、買わなければ当たらないのだ。

「魅力化PJをスタートしてからのピンチ？　いや、特にワシは何も感じませんでしたね。なぜか分かりますか？……何もないからですよ。変な言い方じゃけど、大崎海星はゼロじゃった。いわゆる離島・中山間地域の高校の魅力化において、地域資源を活用しないという選択肢はあり得ません。しかしそれを活用しようとするとき、教員はあまりに無力なんです。当然、学校の外の力を借りる必要があります。そりゃあ、多くの人が魅力化に関わってくれるようになればなるほど、軋轢やすれ違いも生まれます。魅力化に批判的な目線を向けられることもありましたよ。取釜さんやワシのことを気に入らん人もおったじゃろう。でも、そんな時ほど原点に帰るんです。『大崎海星がなくなってもいいんですか』と。そういう逆風も含めて、もう軸をぶらさず進むしかなかったし、気にしとる暇もなかった。失うものも怖いものもなかったんです。これで生徒数80人超えたらほんまに奇跡じゃのうと。それぐらいの開き直り方でした。じゃけん、みんなにも言うたんですよ、『まだ見ぬ世界を見に行こう』って」。

こうして、魅力化PJを押し進めて3年。２０１７年3月。県教委が示したリミットの日がやってきた。結果は周知のとおりだ。「いやあ、そりゃあ嬉しかったですよ」。そうとしか言えなかった。気の利いた言葉など、かえって陳腐だ。一人ひとりの感想や、具体的な言葉は覚えていない。しかし、誰も成し得たことのないミッションをやり遂げた達成感は、みんなの中にあったと思う。「まだ見ぬ世界」へ到達したのだ。

ついに辿り着いた約束の地。ノルマに課された80名を上回る、生徒数88名。最も如実な成果指標である新入生は、実に39名を数えた。グッとこぶしを握り締める者、互いに肩を叩いて健闘を称え合う者、誰もがこの興奮に酔いしれていた。辞令が届いたのは、それからほどなく。まだ興奮の余韻冷めやらぬ、ウグイスの声が聞こえ始めた3月の終わりだった――。

一つの時代が終わる。圧倒的な成果を、数えきれないエピソードを、汗と涙と笑いを、そして何より、明日の大崎海星高校を……〝瀬戸内の奇跡〟とまで呼ばれた最高の置き土産を遺して、大林は次の任地へと旅立つ。本当はせめてもう1年だけでも大崎海星に残り、魅力化第2ステージの土台を作ってから次へ行きたかったが、まあ仕方ない。最低限の自分のミッションは果たしたと胸を張れる。3年前、島へやってきた日にカバンに詰めこんだ不安とプレッシャーは、島を出る今日、まぶしい充実感に姿を変えて同じカバンからあふれ出し、瀬戸内の波間にきらめいた。

大崎海星で過ごした日々を問われて、大林は一瞬の躊躇もなく、いまだこう公言する。「長い教員生活の中で、あんなに楽しかった3年間はない」。

大林　秀則（おおばやし・ひでのり）

1962年生まれ、広島県呉市出身。大崎海星高校魅力化PJ、島の仕事図鑑PJが動き出そうとした2014年4月、校長として同校に着任した最大級の功労者。課題山積の中、優れたリーダーシップと情熱で周囲を巻き込み、PJを大きな「うねり」へと育てていった。その快活で豪胆、かつ繊細な配慮も併せ持つ懐深い人柄に、多くの者が心酔する。志半ばで異動となるも、有形無形、多くの財産を遺したその功績は計り知れない。現・広島県立呉三津田高校校長。趣味はゴルフ。

ふるさとに「海のようちえん」を創りたい！

大崎海星高校２０１９年度卒業
安田女子短期大学保育科１年
加藤　利華

「島で働く人に取材する」って聞いて、「インタビューってなんだか楽しそう！」という軽い気持ちで参加しました。私は大崎上島の隣の島・大崎下島に住んでいますが、「そういえば私、大崎上島のことあまり知らないな」って。

実際にやってみて感じたのは、すごくコミュニケーション力がついたということ。最初は用意されたメモを読むだけのインタビューしかできなかったけど、次第にどんどん深掘りできるようになりました。獲れたてのお魚料理が人気の古民家風レストランにお邪魔したときのことは特に印象的です。質問自体は「メニューの品数は？」とか、「新作メニューはどうやって試作してるんですか？」とか些細なものだったけど、どんどんそのお仕事に興味が湧いてきて。インタビューがまるで生き物のように、会話のように、その場で思ったことが聞けるようになったんです。だいたい一人あたり2～3カ所の事業所へ取材に行けるので、少しずつ慣れることができて、その都度の振り返りの機会があって、次に活かせたのが良かったんだと思います。

もちろん難しく感じたこともありました。その人のことをたくさん知るためには、やっぱりいろんな角度から話を聞いたほうがいいじゃないですか？　そのタイミングをどう図るか、どう話をそこへ持っていくかとか、流れを作るのは自分でもかなり工夫したし、頑張ったと思います！　自分なりに得たコツは、最初は軽い話や楽しい話をして場をリラックスさせて、次第に少し重いテーマやまじめな話題へ持っていくことです。

将来は保育士になることを目指していますが、仕事図鑑での成長は、きっとそこにも活かせるはずです。保育士って、子どもだけじゃなく、保護者の方とも丁寧にコミュニケーションを取っていかないといけないですから。本当にいい経験になったなと思っています。

もう一つ大きかったのが、「私自身のふるさとへの想い」。私が生まれ育ったのは大崎上島の隣の島ですが、高校魅力化を始めとするここ最近の大崎上島の活発な地域活性活動を見て、勝手にちょっとライバル視してたんですよ（笑）。いいなあ、すごいなあって。将来は島に帰ってくるかどうかまだ決めてないですけど、「森のようちえん」みたいな、自然の中で子どもを育てる教育に取り組んでみたいんです。ここは島なので、「森のようちえん」じゃなくて「海のようちえん」かな！　そうやって大崎下島も活気付けていけたら楽しそうだなって思います。

COLUMN

もしあのとき「魅力化」があれば

ただ、何をするでもなく「それ」を見ていた。かつての僕のことだ。

僕は、大崎海星高校の前身で、当時島にあったもう一つの県立高校・木江工業の出身だ。卒業後の1998年、当時の大崎高校と統合され「大崎海星」が誕生した。母校がなくなることに一抹の寂しさはあったが、「子どもの数も減っとるし、仕方ないのう」というのが正直なところ。今でいう高校魅力化、つまり「地域のみんなで学校を盛り上げよう」なんて、そもそもそんな発想がなく、誰も思いつきさえしなかったのだ。

そうして生まれた大崎海星高校も、生徒減で再び統廃合の話が浮かび上がることに。しかし、それも対岸の火事だ。もはや木江工業ですらない大崎海星高校は、僕にとって「母校」という印象がなく、ほとんど関心さえなかったからだ。

ところが今回は少し雲行きが違うようだ。「地域と協力して、高校を魅力化するぞ！」と言うではないか。ほぼ休眠状態だった同窓会も、青年部を発足させて盛り上げていくと。ただ、その一員に選ばれたのはいいが、それでも最初は大崎海星高校にそこまでの思い入れはなかった。

そんな自分の視点を変えてくれたきっかけの一つが仕事図鑑だったと思う。インタビューにも協力したが、自営業者や移住者ではない、地元サラリーマンの僕のところにまで話を聞きに来てくれて、嬉しかったのを思い出す。

これで火が着いたのかもしれない。以来、同窓会青年部から「こんな企画はどう？」と学校に提案するようになった。それは、「学校との関わりは卒業すれば終わり」と思っていた僕にとって、新鮮な驚きと自己有用感の連続である。「自分たち学校外の人間も、いろんなことができるんだ！」と実感できたのだ。まさか高校の運動会に参加したり、先生方と酒を酌み交わしたりするほど距離が近くなるなんて、思いもしなかった。

もしかしたら僕はいま、大崎海星高校の中に、木江工業の面影を見ているのかもしれない。もし大崎海星高校がなくなれば、島の子どもたちがかつての僕と同じ思いをすることになる。それは、一人の島の大人として座視できない。

いまもときどき考える。もし、木江工業がなくなろうとしたとき、魅力化ＰＪがあれば僕はどうしていただろう。いや、もう問うまでもない。これからも、そんな想いを胸に、協力していきたい。

大崎海星高校同窓会青年部部長
脇坂 裕介

島の仕事図鑑…第２弾「造船・海運業」編

第１弾の冊子があったので、生徒も先生も地域も明確なゴールイメージがあった。決められたインタビュー項目は卒業して、インタビュー項目を生徒自身で考えたり、また、インタビューがアドリブができるようになったりと、生徒の主体性が徐々にみえてきた。

主体性の表れを表紙に

第２弾では、生徒が島の仕事図鑑に関わる姿勢が明らかに変化していた。「造船男子」ってカッコよくない？そんな発想からイラストを描いてくれる生徒が現れる。自分の得意を活かし、関わり方はさまざまだ。船の塗装を表現したツートンカラーの上に削り描きをしたようなテイストのイラストを表紙に。

CHAP.

2 コーディネーター

地域と学校を繋いだ「接続者」

コーディネーターとして、大崎海星高校と地域を繋ぐ窓口の一人となったのが円光歩だ。学校や教員のウィークポイントである「地域との接点（の少なさ）」において、最初の足がかりを築いていったのである。仕事図鑑PJでは、地元出身のコネクションも活かして、協力してくれる地元事業者に合意を取り付けていった。また校内では、教員と協力しながら、仕事図鑑の企画立案や、生徒のインタビュー技術を向上させるためのワークショップや研修を主催。個人人脈を活用して外部から研修の講師を招へいするなど、学校のリソースだけでは足りない部分を補い、地域のみならず多方面への「繋がり」のきっかけを作る。「コーディネーター」という役職や職業の存在よりも、「コーディネートする機能」が大事だと言い、少しずつその「機能」を学校や教員たちへと根付かせていった。

安心と安定が大好き

大崎海星高校魅力化PJ、そして仕事図鑑第1弾の企画が産声をあげた2014年。当時26歳だった青

年・円光歩《えんこうあゆむ》は、いまでも自らをこう評する。「安心と安定が大好きだ」と。人生のリスクは避けて通りたいタイプであり、その自覚もあった。その円光が、「安心と安定の象徴」とも言える、島の社会福祉協議会（社協）の職を辞した——。

自身が大崎上島に生まれ育ち、大崎海星高校の卒業生でもある円光。大学院修了後にUターンし、再び島の土を踏んだ。現在は集落支援員のポジションで、大崎海星高校魅力化推進コーディネーターを務めている。

いわゆる「コーディネーター」という仕事の定義や職務内容は地域それぞれであり広範囲に及ぶが、大まかには、学校と地域、行政、産業などを結ぶ「接続者」と考えると良いだろう。高校魅力化を含め、地域と共にある学校づくりを進めていくにおいて、全体を俯瞰しながら、ときに各所と連携する窓口となり、ときに統括者となり、バラバラだった各ステークホルダー（地域や学校、行政などの関係者）を「チーム」として機能させていくのが彼らのミッションだ。

しかし、例えば仕事図鑑という一つのPJを進めるとしても、当然、各ステークホルダーにはそれぞれの立場があれば、事情もある。利害が一致しないことだって珍しくないし、個人として見れば、一人ひとりが異なる価値観や正義だって持っている。場合によっては、感情的な対立も避けて通れないのだ。その間に立ち、理解と調整を進めていくのだから、見方によってはいちばん疲弊する役回りだと言えよう。円光は、そんなポジションから魅力化と仕事図鑑に携わっていったのだ。

なお、地域によっては、「コーディネーター」という職種を専任で雇用するところもあるが、行政職員や教員、民間、公営塾や教育寮のスタッフなどの立場でコーディネーター（的な役割）を兼務するパターンも少なくない。大崎上島は、後者のタイプである。円光も、社協の職員を皮切りに、さまざまな〝本職〟に籍を置きながら、コーディネーターとして活躍した。

永遠のペイ・フォワード

さて、そんな円光。大崎海星高校を卒業後、大学では特別支援教育を学んだ。その課程で、高校魅力化の先駆者となった島根県・隠岐島前高校を研究対象とすることはあったが、もともと「地域のために何かするぞ」といった、社会学や政策学的な研究目的で進学したわけではない。ふるさと・大崎上島で教員になるのが夢だったからだ。

円光は、小中高を通じて、恩師と呼べる素晴らしい先生たちに巡り合った。なかでもよく覚えているのが、小学校時代の、あの「船」のことだ。「船を作ってみたい」という無邪気な夢を話した円光少年らに、先生はこともなげに言った。「よし、じゃあやってみるか！」。「そんなのは無理だ」「子どもには難しい」なんて、否定的なことは一切言わない。作りたいなら、作ればいいじゃないか。できるかできないかなんて、やってみてから考えればいい。そんなふうに発想してくれる、心ある先生だった。

廃材のような合板を組み合わせ、ペットボトルを詰め込み、みんなで完成させた手作りの船。浅瀬に出て、先生にロープで引っ張ってもらい、波をきって進んだあのときの高揚感がいまでも忘れられない。「僕らにも、船が作れた！」――ボートやイカダとさえ呼べない、小さく不格好な船だったが、少年らにとっては最強の海賊船である。どこまでも進んでいけそうな気がした。自分たちに不可能はないとさえ思えた。あの感動、あの達成感……その後の中高時代も含めて、多感な時期の折々に人生の示唆を与えてくれた先生方への感謝と憧れが、円光に教員を目指させたのだ。

「島の子どもたちもやがて成長して、島を出ていくときがくるかもしれません。そのとき『こんな島、出て行っちゃるわい！』と思うんか、いい思い出と名残惜しさを胸いっぱい抱えて、何度も島を振り返りながら海を渡るんか。この違いは大きいです。それは結局、島で何を経験してきたんか、何を与えられてきたんかに帰結するんじゃろうと思います。でも、僕もそうでしたが、島で暮らす子どもたちにとって、生活範囲は非常に限られたものです。地域か、学校か、家庭ぐらいしかありません。そのうち、大半の時間を過ごすのが学校です。つまり極端に言うたら、学校での経験や思い出は、イコール島そのものへの思い出なんですよ。じゃあもし、学校に良い思い出がなければ……。僕は幸い、恩師に恵まれました。だから今度は、僕がそんな存在になれたらと思うて」。

その言葉を借りるなら、もし島から学校が消滅してしまえば、良い悪い以前に、思い出そのものが作れないことを意味する。貴重な「高校時代」という人生の物語は、すべて島の外にしか存在しないことになる。

ただ、いまでは笑い話だが、高校生だった円光は「公立校教員は、自分で勤務先を選ぶことはできず、かつ異動がある」という大前提をまったく念頭に置いていなかった。気付いたのは大学生になってからだ。島で先生になりたかった円光にとって致命的な事実だが「いやあ〜、当時は何も考えてなくて……そんな当たり前の事さえ分かってませんでした」と面目なさそうに笑って頭を掻く。おっちょこちょいと言えばそうかもしれないが、そんな一面もまた彼の魅力だ。こうした「憎めない人柄」は、調整役やバランサーの能力が求められるコーディネーターとして、実は非常に適任だからである。

「先生にはなりたかったですけど、自分のフィールド（＝大崎上島）でやれんのじゃったら僕には意味がなかったんです。確かに、先生になって、島以外の場所で地域と連携した教育に取り組むのも楽しかったじゃろうと思います。そこでの経験を島に持ち帰れば……という発想もできました。でも、島の学校にいつ配属されるかも分からんし、下手したら一生配属されんかもしれません。それで、先生になるんは諦めました」と、すっぱり教職への道を方向転換した。

しかし、恩師らの教えは円光の中でいまも着実に生きている。いちばん大きかったのは「やればできる」「動けば、何かが変わる」という価値観を根付かせてくれたことだ。そう、あの「船」である。高校魅力化という、正解もマニュアルもないエポックメイキングな挑戦に身を投じることができたのも、先生方とあの船のおかげだと思う。

先生にはなれなかったが、これからの子どもたちにそんな出会いの場を届け続けるためにも、絶対に高校という灯を消してはならないし、島のカッコいい大人たちとの出会いの場となる仕事図鑑ＰＪも成功させたい。あの日、「船」の上から見た輝く海原を、別の形でいまの子どもたちにも見せてやりたい。そしてその成功体験を、心震わす感動を、次代へと繋ぐ若者が出てきてくれたら……永遠のペイ・フォワード（恩送り）が続いていけばいい、円光はそう考えている。

かつて〝大崎海星高校〟と呼ばれたもの

２０１３年。まだ高校統廃合に関する県教委の「基本計画」も、大崎海星高校魅力化ＰＪも動き出していなかったころ。大学院を修了し、島に帰ってきた円光が就職したのは社会福祉協議会（社協）。主に高齢者への福祉対策が仕事だ。すでに教員への道は諦めていたし、教育とも直接の関係はない職業である。

実は帰郷する前から、のちの先輩コーディネーターとなる取釜宏行から「自分の私塾で一緒に働かないか」と声をかけられてはいた。取釜は円光より四つ年上のＵターン者で、島で小中学生向けの私塾を経営しながら、仕事図鑑の出発点となった移住定住促進事業などに関わっていた。

しかし当時の円光は、あまり気が進まなかったと明かす。「確かに、教育はもともと志しとった道ですし、興味がなかったわけじゃないんです。ただそのころ、島の高齢化率は約47％。つまり、二人に一人は高齢者ですから、社協で高齢者福祉に携わることは、島の半分の人たちに貢献できるということでもありました。そこと比べると、塾で関われるのは多くても数十人の子どもでしょう？　教育への想いはあったけど、もう少し多くの人に貢献したいという想いがあって……それで取釜さんとの仕事は、地域活動でときどき連携したり、塾のキャリア教育活動を手伝ったり、スポット的な協力にとどまっとったんですよ。それに、社協という就職先の安定性はやっぱり魅力でしたし」。

しかし翌年（2014年）、〝黒船〟はついにやってきた。例の「基本計画」である。大崎海星高校は、本当になくなってしまうかもしれないという最後通牒を突き付けられたのだ。残された時間は3年（検証期間を含めて5年）だ。ショックだったが、いまの自分に何ができると言うのか。ただ、焦る気持ちばかりが募った。

今年から大崎海星に赴任してきた校長先生はずいぶん熱心な人のようだが、誰もが暗中模索。何をやればいいのか、どうやればいいのかなんて分からない。誰も正解を持っていない。ただ、もう火は放たれた状態だ。正式に町が魅力化に向けた予算を計上し、PJが本格始動したのは翌2015年度からだったが、とにかくできることから動くしかなかった。走りながら考えるしかなかった。準備さえおぼつかないまま、魅力化PJはその助走段階に入っていた。

そんなときに魅力化の一環として生まれた挑戦の一つが、仕事図鑑の企画だったわけだが、当時の円光は一介の社協職員に過ぎない。どっぷりと魅力化に携われるような立場ではなかった。だがせめて母校のために何かしたいと、取釜を介して、定時後に個人でできる範囲でボランティアとして仕事図鑑PJを手伝うのが精いっぱい。主体的に関われないジレンマは日に日に膨らんでいくばかりで、ある時ついに限界を超えた。

2014年の暮れのことだ。

「母校が存続の危機に立たされて、もう時間もない。そんなときに、僕が空き時間で手伝ったくらいで何か変わるんかと。確かに仕事図鑑も魅力化も、僕がおらんでもPJ自体は進んでいくでしょう。でも僕は、社協に勤めとるかぎり、応援したり、ちょっと手伝ったりする程度で、決して当事者にはなれません。僕はそもそも、僕自身がそうじゃったように、島の子どもらが学校を通じて『ここで育って良かった』って思ってくれることが大事なんです。なのに、その機会が奪われるんを黙って見過ごすんか、と。それで想像しました。もし魅力化がうまくいかんで大崎海星高校がなくなってしもうた日、僕は何を感じるじゃろうって。たぶん、いや絶対に後悔すると思いました。そして何より、その結果を誰かのせいにする人間になりとうなかった。自分では何もせんと『もっとこうすりゃ良かったのに』と、外野から結果論や文句ばかり言う、ダサいやつになるのは絶対イヤじゃったんです。それがイヤなら、いま僕も全力でここに関わらにゃいけん。いまやらんかったら、一生それを引きずって生きることになると思うたんです」。

円光の脳裏に浮かんだ、数年後の島の風景。廃墟と化した、かつて〝大崎海星高校〟と呼ばれたもの。雑草に覆われた校庭、錆びついた蛇口、剥がれ落ちた壁……誰もいなくなった「それ」を日々目にしながら、後悔と感傷にふけりながら、このふるさとで生きていく――それは円光にとって、耐えられない未来予想図だ。もう迷ってなどいられない。「安心と安全」が何より大切だった青年は、ライフジャケットもつけず、高校魅力化という海へ漕ぎ出した。乗り込んだのは、あの日の「船」だったのかもしれない。「やればできる」「動けば、何かが変わる」を、もう一度感じたかったのかもしれない。ペンを取り、社協への退職願をしたためた。

考え方次第で、何でも楽しくできると思う

社協を辞めて取釜の私塾で働きながら、どっぷりと高校魅力化、そして仕事図鑑に関われるようになった円光。仕事図鑑作成において主に携わったのは、図鑑各シリーズにおける企画立案、生徒たちが取材を実践するための技術向上を図るワークショップの開催、取材先への協力依頼や生徒の引率だ。これらを、同じコーディネーターである取釜や教員らと相談・協力しながら形にしていった。ただ、なにぶん初めての挑戦で、分からないことだらけだ。「最初に仕事図鑑の企画を聞いたときも、実はあまりイメージが浮かばんかったんですよね。なんとなく、高校生や地域の人とおもしろいことができたらええな、と思ったくらいで」と笑う。

しかしその感覚は、非常に大事な示唆だ。高校魅力化に限らず、全国で地域おこし活動に取り組んでいる町のうち、うまくいっているところほど、人々がそれを楽しんでいるように見える。もちろん根底に使命感はあるのだが、いい意味で肩に力が入りすぎていない。確かに、同じことに取り組むのであれば、悲壮感を漂わせ、みんながピリピリしながら澱んだ空気の中でやっても苦しいばかりだ。「せっかくみんなでやっと

るのに、誰かが辛い立場に置かれたり、しんどい思いを抱えたりしとるんはイヤなんです」と円光も言う。

「楽しむべきというか、基本、僕は何でも楽しく『できる』と思っとるんで。だって、楽しいかどうかは自分の捉え方しだいじゃないですか。あっ、でも楽しむためには、仲間がおることが大事じゃと思います。最初は誰か一人でもいいんで、一緒にやる仲間を見つけること。これから始める人にアドバイスするとしたら、そこですかね。仲間は、同じ組織に属する人じゃなくてもいいんです。例えば自分は学校の先生じゃけど、地域に理解者がおるとか。町役場に仲のええ人がおるとか。僕には最初から取釜さんがおったんで、そこは恵まれてました。ああでもない、こうでもないと、二人でいつもいろんなことを話しながらやってましたが、楽しかったですね」。

できることから、一つずつ

しかし、辛いと感じたことがなかったわけではない。特に魅力化PJがスタートした1年目は大変だった。円光らコーディネーターの想い、学校や役場の要望、公営塾スタッフの考えなど、みんなの足並みがそろわず、ぎくしゃくしたこともあった。それぞれが地域や学校、生徒のためを思えばこそなので、正しいとか間違っているとかでは割り切れない。むしろ「正しい」がぶつかり合っている状況で、余計に悩んだ。

今はそのベクトルもずいぶん統一され「チーム感」が出ているが、そうなるためのコツを円光は「できることから、一つずつやる」ことだと言う。「焦る気持ちもあると思いますが、いきなり完璧を求めようとするんは、やめといたほうがいいです。そもそも無理ですから、そんなの。『1年目はここまでできた、じゃけん2年目はこんなふうにしてみよう』とか、そんな感じのほうがいいですよ。スモールステップですね。とにかく始めてみて、できるところまでやって、良くなかったところを少しずつ改善していくんです。仕事図鑑だってそうでした」。

高校生が、島の産業やそこに携わる大人たちに出会い、自分たちの主体的な取材を通して冊子にしていくのが仕事図鑑の基本コンセプトだ。しかし包み隠さず言えば、実は第1弾を作ったころは、そんな理想とは程遠かった。取材先の選定も、取材内容も、その後の編集作業も、ほとんどが円光や教員ら、大人が主導したものだったからだ。はっきり言って「やらされて」いる感覚の生徒もいた。

地域活動であれ、ボランティアであれ、探究学習であれ、学校の課外学習で起こりがちなケースだが、それは仕事図鑑本来の趣旨からも、教育的観点からも、決して褒められたものではない。でも、どうにかこうにか、形にすることはできた。まずはそこまでこぎつけた。それでいいのだ。その反省をふまえ、次回の改善につなげていけば良いのである。あくまで、できる範囲のことから少しずつ手を付けていければ十分だ。

地域住民と「一緒に作る」ことがカギ

そうして発刊を重ねるごとに、少しずつ、しかし着実にそのクオリティを上げてきた仕事図鑑。全体と関わるコーディネーターの立場から、円光はこのような手ごたえを感じている。「まずはインタビューを受けてくれた地域の人にとって。彼らは、生徒に取材されることで、自分の仕事のやりがいや、島に対してどう思っとるか、言語化できる機会を得たことが大きいです。いままでそんなことを改めて考えたり、言葉にしたりすることなんてなかったですから」。

仕事図鑑はもともと移住定住促進が目的の冊子であるため、インタビューは「仕事」と「島の暮らし」という二面性を軸に尋ねていく。生徒らの質問に答え、考えを整理していく過程で、仕事への誇りや「ここで暮らせて良かったな」といった、原点の想いを再確認できるのだ。

さらに円光は続ける。「完成した冊子は島内に全戸配布されたので、他の地域住民にも、自分や自分の仕事のことを知ってもらえて、ちょっぴり鼻が高いと言うか、嬉しい気持ちになります。読んだ人も『ああ、あの人、こんな人じゃったんじゃ』とか、『こんなおもしろい人が移住してきとるんじゃ』って分かるじゃないですか。実際、『仕事図鑑、見たで～！　あんた、そんなふうに考えとったんじゃね。カッコええのう！』なんて会話が島で行き交いました」。加えて、ＵＩターン者の島への想いを聞いて、元からの地元住民も「この島のことを、こんなふうに見ていてくれたんだ」という新しい発見や喜びに繋がり、両者の距離がさらに近くなったと言う。

高校生については、自分のキャリアに思いを馳せたり、広く「働くとは何か」を考えたりするきっかけになっていると感じる。「しかも、ちょっと聞くんじゃなくて、しっかり時間をとってディープなところまで聞けるのがいいですよね。島の子どもたちって、自分の周りにいる大人との接点は、親や親戚か、近所の人、学校の先生くらいしかないんです。でも、仕事図鑑があったことで、見たことのない仕事、聞いたことのない仕事を知ることができますし、これまで想像したこともないような、衝撃的な仕事観・人生観に触れられることだってあります。もちろん興味のある業界を勉強することにも使えますよね。これをきっかけに、福祉施設でバイトを始めて、実際に就職した子もいました。初対面の人にインタビューするコミュニケーション力だったり、それをまとめる情報編集力だったり、スキル面での成長も見てとれます」。

学校・教員たちにとっても得るものはたくさんあった。仕事図鑑で地域と繋がりを持てたことで、仕事図鑑以外での地域連携型授業の実践を考えられるようになったし、仕事図鑑を国語表現の題材に用いるなど、正課への応用も始まった。地域と学校の距離が縮まり、文化祭や体育祭に同窓会の若者たちも参加するなど、一体感が強まった。

魅力化や仕事図鑑PJが始まる前、大崎海星と地域の接点が皆無だったわけではない。ソーラン部や和太鼓部が町でボランティア演奏に取り組むなど、多少のことはやっていた。しかし、今日のような爆発的な連携の広まりや、密接な関係を築くには至らなかった。それらと仕事図鑑との違いはどこにあったのだろう。

円光はこう考える。「たぶん『一緒に作った』ことが大きかったんじゃと思います」。確かに、ボランティア演奏ももちろん素晴らしい取り組みだが、一方通行と言われればそうかもしれない。「一緒に作る」――これは、学校と地域が親密になっていくための、大きなキーワードと言えそうだ。それぞれが一方的に与えたり与えられたりするだけでなく、「同じ視点や立場で経験を共有する」とも言えるだろうか。ぜひとも、心に留め置きたい観点だ。

コーディネーター「的な」人さえいれば良い

仕事図鑑シリーズは２０１９年12月現在、第６弾までが完成しており、それぞれ異なるテーマが設けられている。第１弾は「島にはこんなにいろんな仕事があるんだ」と伝えるため、ノンジャンルであらゆる業種の事業所に協力を仰いだ。そこでの経験をふまえて、第２弾・第３弾は島の基幹産業である「造船・海運業」「農業」。第４弾は同じく従事者が多い「地域福祉」。業種での絞り込みが一段落した第５弾では、働くことは学びであるという観点から、仕事における「学び」を切り口に構成。第６弾では「島の未来」をテーマに事業継承に焦点を当て、冊子名も「島のみらい図鑑」とした。なお第４弾からは、同じ大崎上島にある高専・国立広島商船高等専門学校からも有志を募るなど、他校も巻き込んでPJを発展させている。

こうした大枠の企画を立て、学校や商工会に担当業務を割り振りながら全体をマネジメントしていくのが、円光らの役割だった。例えば「福祉」がテーマなら、「こんな人や事業所に協力を仰ぎたい」という要点を、商工会に提示。次に商工会が該当者をピックアップ、初期の協力依頼をしてもらい、円光らが直接交渉に出向くといったフレームだ。

出演交渉はさほど苦労したという印象はない。ポイントは、まず「地域のためになることだ」ときちんと説明すること。「その上で、子どもたちにもためにもなると。地域の人たちは、地域のためになるとか、地域の子どもたちのためになるって言われれば、基本的に嫌がりません。最初はそこまで乗り気じゃなかった人でも、いざ完成品を見ると例外なく嬉しそうになさってますしね。中にはシャイで、露出が恥ずかしいから断るという人もいますが、それにしたって『協力するのがイヤだ』って思っとるわけじゃないんです。こちらも、全員がOKしてくれるわけじゃないという前提で多めにリストアップしとけばええし、断られた人に無理に食い下がることもせんでええと思いますよ」と円光。

ただ「魅力化の一環でやっているんです」という話は一切しなかった。意図的に言わなかったというよりは、そもそも本当に「魅力化のためにやっている」とは考えていなかったからだ。結果として魅力化に繋がっているのであって、純粋に地域と子どもたちのための企画だと思っていた。「費用だって町から出とるわけじゃし、『町と商工会でこういう（仕事図鑑）取り組みをやるんで、協力してもらえませんか？』って言うだけですよ」。

苦労したことを挙げるなら進行管理だろうか。事業所が「この日しか取材を受けられない」という場合もあるし、学校側も「その日は行事があって難しい」ということもある。しかし、町の予算を使って冊子という成果物を作る以上、納期や締め切りは絶対厳守だ。全体の予定や都合を早めに確認しながら、できるだけリスクヘッジするのが大事だと円光は言う。

もちろんこれらの交渉は、必ずしもコーディネーターがやる必要はないのだが、円光らはここで生まれ育った地域住民でもある。学校よりも地域の情報に精通しており、住民とのコュニケーションを取りやすい。取材対象者と個人的に懇意な場合もある。大林校長が円光や取釜らに最も感謝したのもその点だ。学校としては、地域と連携しようとは思っても、そもそもどんな企画を立てればいいのか、どこから手をつけていいのか、誰に何を相談しに行けばいいのか、まったく分からない。その点においても、仕事図鑑ＰＪと、地域との繋ぎ役となったコーディネーターの存在は価値があったのではないかと感じている。

しかし、繰り返しになるが、必ずしも「コーディネーター」という職業や肩書きの人材は必要ない。それは円光も保証する。「役場の職員でも、ＮＰＯスタッフでも、地域おこし協力隊でもいいんです。地域と関りを持つコーディネーター『的な』人さえいれば、問題ないと思います。彼らが直接的な協力者にならなくても、協力してくれそうな人を紹介してもらうことはできますし。最初は仕事図鑑も、学校が地域と繋がるため、９割がた僕たちでリードしてきました。学校の先生方には、流れや要点を見てもらったり、経過や結果を共有したりする程度に留めて。でも一度経験すれば、先生方も地域にネットワークができますし、どうやって地域に入って行けばいいのかの感覚もつかめますよね。それで2弾目以降は、徐々に先生方が主導するウェイトを増やしていきました。少しずつ、コーディネーター『的な』先生になっていただくために。これも『いきなり完璧を求めず、できることから少しずつ』ということかもしれませんね。仮にコーディネーター『的な』人もおらんのじゃったら、保護者を介して地域に入っていくのもええと思いますよ」。

「完璧を求めないほうが良い」という視点で述べるなら、「仕事図鑑」という好事例を目にした時、人はつい「よし、うちの学校でも仕事図鑑を作るぞ！」と考えがちだ。本書でもその制作ポイントを解説している。ただ、作るのは良いとしても、手段の模倣のみに陥らないようにすることが大切だ。仕事図鑑は「手段」であると認識しなくてはならない。

円光は言う。「生徒が地域に出ていくとか、地域の大人たちの話を聞いて学ぶとか、学校が地域と繋がりを作るとか、本来の目的に立ち返って考えれば、仕事図鑑である必要はないですよね？仮に仕事図鑑を作るとしても、あんなしっかりした、見栄えのいい冊子にしなくたっていいんです。学校のコピー機で印刷できる程度のものでも、レポートにまとめるだけでもええし。うちの場合、もともとが商工会の移住定住促進事業じゃったから、成果物として『仕事図鑑というキチンとした冊子』を作る必要があっただけですから。もし他地域の人にアドバイスするなら、『仕事図鑑を作らにゃいけん！』とか思わんでもいいんですよ、と伝えたいですね。逆を言えば、仕事図鑑じゃのうても、自分たちのやりやすいものを作ったらええっていうことなんですよ」。

手段と目的を履き違えてしまうのは、どんな場面においても往々にしてあるものだ。何のためにやるのか、どんな効果を期待しているのか。まずそこから入るべきであり、仕事図鑑という成果物ありきで発想することのないよう気を付けたい。

あの日の海賊船

円光は大崎海星のOBだが、高校進学時に島を出ることを考えなかったわけではない。将来は国公立大学に行きたいと思っていて、大好きだったサッカーも続けたい。島外の高校ではその両立が難しいと総合的に判断したのが大崎海星に進んだ大きな理由ではあったが、もう一つ円光を突き動かしたトリガーがある。それはやはり「大崎海星がなくなるかもしれない」という話を聞いたことだ。円光が中学生のころから「大崎海星は廃校になるのでは」という噂は、まことしやかに島内で囁かれていたのだ。

その噂が現実となったのが「基本計画」だ。これまで風評の域を出なかった統廃合が、実在する危機としてついに島へ攻めてきた。「ああ、本当に（統廃合を）言われてしもうたか……って思いましたね」と円光。やらなきゃ、なんとかしなきゃ、と思った。

結果としてその危機は見事に脱したわけだが、それを撃退したのは、間違いなく円光らここに関わった者たちすべての「戦う意志」だ。あの日の〝ペットボトルの海賊船〟から放たれた砲弾は、見事に外敵を駆逐して見せた。

円光 歩（えんこう・あゆむ）

1988年生まれ、大崎上島町出身。大崎海星高校OB。鳥取大学地域学部地域教育学科・同大学院修了後、生まれ育った大崎上島へUターン。社会福祉協議会の職員として高齢者福祉に従事するかたわら、母校のサポートに携わる。意を決し退職後、取釜宏行と共に、大崎海星高校魅力化推進コーディネーターとしてその活動に身を投じていく。島の仕事図鑑PJにおいても地域と学校との橋渡しを務め、完成に導いた。細かい気配りが得意な優れたバランサー人材で、猪突猛進型の取釜とはお互いを補完し合ういいコンビ。

仕事図鑑のつくり方

高校魅力化プロジェクトの中で大きな役割を果たした「島の仕事図鑑」。この冊子が成果物となって人々の手に届くまでの間に、教員・生徒と地域を媒介するための目に見えないツールとしての役割を果たしていった。さらには、教科学習として活用されるなど「島の仕事図鑑」を活用していくことで、関わった全ての人たちが高校を魅力的にしていく方向へ巻き込んでいく。参画者全員でデザインされた「島の仕事図鑑」がどのように制作されていったのか、その手順から発展事例までを公開。

準備
- A プロジェクトチームをつくる
- B チームで話し合う
- C テーマを決める
- D 取材先を決める
- E 参加生徒を募る

ワークショップ
- F オリエンテーション
- G インタビュー練習
- H 写真撮影講習

取材
- I アポを取る
- J 取材にでかける
- K 取材の振り返り

記事制作
- L 記事を書く
- M プロにデザインを依頼
- N 取材先へ記事の確認

完成報告
- O 仕事図鑑の納品
- P 最後の振り返り
- Q 完成報告会の実施

活用
- 仕事図鑑の次号制作の手本として
ワークショップで活用
- 島を知る、働くを考える教材に
総学で掲載者を招いて講話
- 島内全戸への配布
地域の話題に
- 移住施策
島のPR
- 大崎上島未来会議を開催
職業の課題を考える

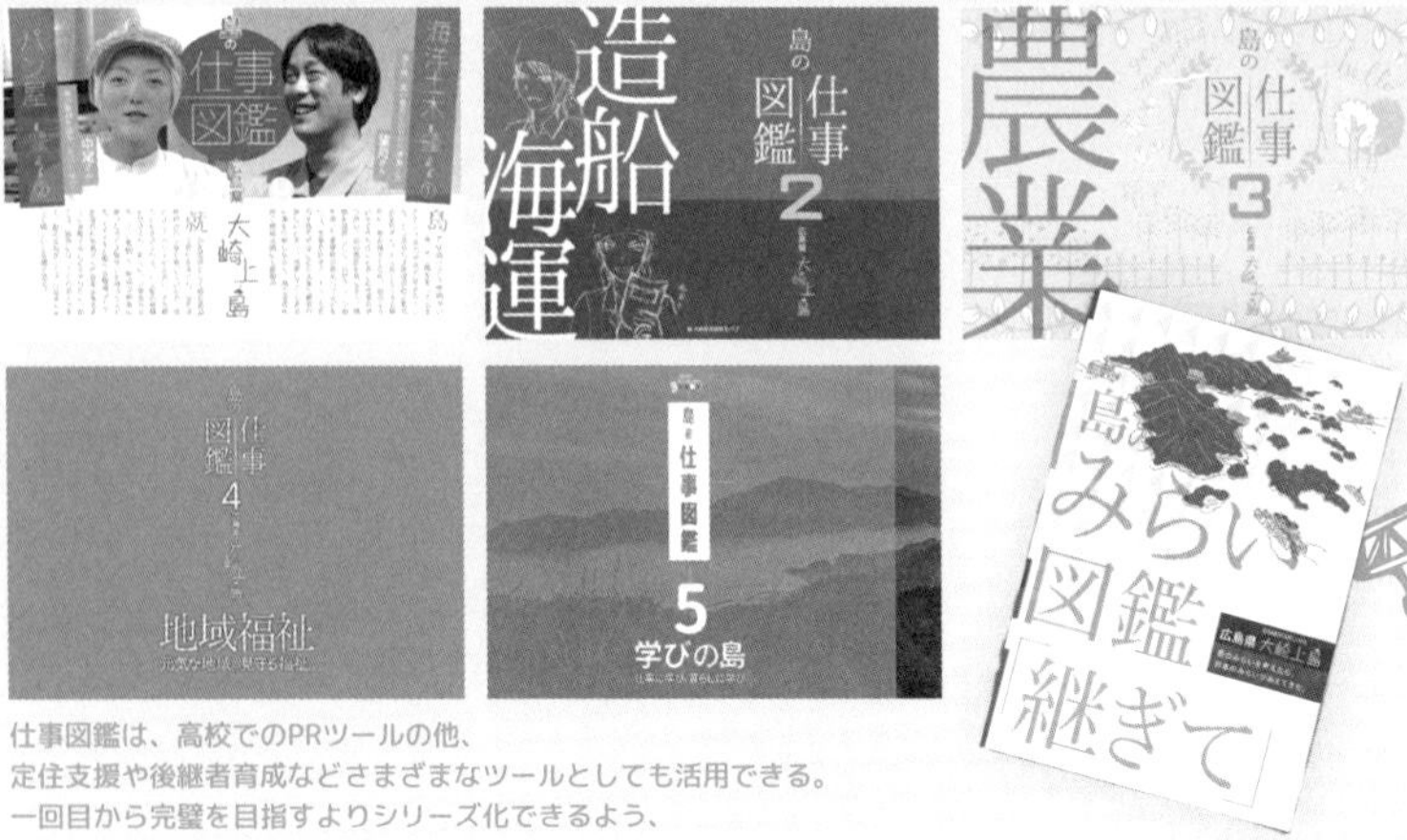

仕事図鑑は、高校でのPRツールの他、
定住支援や後継者育成などさまざまなツールとしても活用できる。
一回目から完璧を目指すよりシリーズ化できるよう、
継続してつくり続けることを大切にしよう。

活動期間を決める

生徒の参加人数など管理態勢のバランスをみる。まずは小さく初めてみることが鉄則。学校行事が少ないときなど、学校側の負担を少なくすることで継続性を持たせる。2年目以降も継続することで各学校に必要とされるノウハウを蓄積していき、プロジェクト実行のハードルを少しずつ下げていく。

参加者

生徒	教員	コーディネーター	地域住民	商工会

予算を決める

町の定住支援（職種、仕事内容や仕事のバックグラウンドストーリーなどを紹介することで定住支援のPRツールとなりえる）、商工会等での後継者育成の側面もある。そういった枠組みでの予算を検討することも一案である。

参加者

生徒	教員	コーディネーター	地域住民	商工会

D 取材先を決める

仕事図鑑に掲載する人を決める

取材先はバランスが重要になってくる。業界、年齢、UIターン、地域エリアなど、偏りすぎないように調整する。

参加者

生徒	教員	コーディネーター	地域住民	商工会

E 参加生徒を募る

ワークショップや取材など生徒に呼びかけを行う

担任を通じて全校生徒に参加を呼びかけよう。最初の内は主体的に関わる生徒がいない場合もあるが、その場合は、生徒の育てたい力を考慮しながら、生徒の性格や素質などを踏まえて、個別に生徒に呼びかけることも大切。

参加者

生徒	教員	コーディネーター	地域住民	商工会

1 準備

まずは大人のチームをつくろう。生徒たちを徐々に巻き込んでいくためにも、大人たちのチームづくりが大切。

- Ⓐ プロジェクトチームをつくる
- Ⓑ チームで話し合う
- Ⓒ テーマを決める
- Ⓓ 取材先を決める
- Ⓔ 参加生徒を募る

Ⓐ プロジェクトチームをつくる

チームをつくってやると決める

プロジェクトチームに地域の人（例えば役場の職員、商工会の職員等）に入ってもらい、各々が当事者意識を持って参画するチームをつくる。

責任者を決める

校長先生などトップの人を巻き込み、チームの主旨を理解してもらう。また、責任者にも同じパッションを持ってもらうことで継続性を持たせる。プロジェクト起案者が外部からの場合は外部側の責任者も決める。

Ⓑ チームで話し合う

生徒が持つ課題を考える
育てたい生徒像を共有する

個々の生徒が持つ課題を共有し、内容や質の向上をはかる。生徒が身に付けたい力を考えることで、ワークショップから取材にいたるまでの行動中、それぞれの生徒への声かけが変わってくる。

Ⓒ テーマを決める

仕事図鑑で紹介するテーマを決める

初回は町の主要産業を基本に、業界を一つに選定するのがおすすめ。

F オリエンテーション

商工会からの主旨説明

生徒たちに仕事図鑑の制作意義などの目標を持ってもらうために、商工会からの主旨説明を行う。学校以外の地域の人たちとの接点にもなる貴重な機会。

参加者

生徒	教員	コーディネーター	地域住民	商工会

G インタビュー練習

インタビューシートに沿ってロールプレイング

本当のインタビューのつもりで、先生にインタビューをする。

ADVICE!

プロジェクトチーム以外の先生をまきこむチャンス。インタビューされる側の役をお願いするなど、学校内でプロジェクトのPRもできる。

ADVICE!

プロジェクトが2回目以降になってきたら、1回目に参加した生徒に来てもらい話をしてもらう。体験を共有しさらなるブラッシュアップをはかることができる。

インタビュー練習風景

参加者

生徒	教員	コーディネーター	地域住民	商工会

H 写真撮影講習

カメラ機材に触れて写真の撮り方を学んでみよう。

インタビューしている時の写真や、ポーズをとっての写真を撮影してみる。

ADVICE!

写真部等があれば撮影の仕方などを教えてもらえるよう協力を要請してみる。地域の写真屋さんや、プロカメラマンに協力を要請してみる。

ADVICE!

撮影の際に覚えることは、カメラの使い方と、人を撮影するときのコツ、ファイル保存形式（デザイナーに確認）など。放課後などの活動の場合は、周りが暗いことも考えられるのでその辺りも考慮。写真は冊子のクオリティの要になる。

写真撮影講習

参加者

生徒	教員	コーディネーター	地域住民	商工会

2 ワークショップ

生徒たちとさまざまな人たちとのコミュニケーションが始まる段階。取材内容を決め、取材の練習をしたり、普段とは違った学びを体験する機会にしていこう。

F オリエンテーション
G インタビュー練習
H 写真撮影講習

仲間づくり

一緒に学ぶ仲間づくり。チームで取材に出かけるため、参加者のだれとでも気軽に話ができるようにアイスブレイクに時間をかけよう。学びの質は、関係性の質で決まる。初回のWSは、仲良くなれるだけでもOK！

ADVICE!

プロジェクトを継続していく中で、他校と連携して共同で進めていくことも視野に入れ、オリエンテーションの実施を他校と交互に行うことで、生徒たちはもちろん学校としても刺激があり、視野を広げていくこともできる。

参加者

生徒	教員	コーディネーター	地域住民	商工会

インタビューシートづくり

仕事内容や仕事に対する姿勢、あるいは休日の過ごし方など、インタビューの内容を決めていく。インタビューの内容から取材記事の本文を作成することになる。また、取材内容からキーワードを抜き出していくことで、記事タイトルや、キャッチコピーなどにも使用していく。

ADVICE!

インタビュー期間が短かったり、生徒の主体性がなかなか見受けられないときは、大人の方でインタビューの内容を決めていくのもOK。生徒がインタビューを経験することの方が大切。

参加者

生徒	教員	コーディネーター	地域住民	商工会

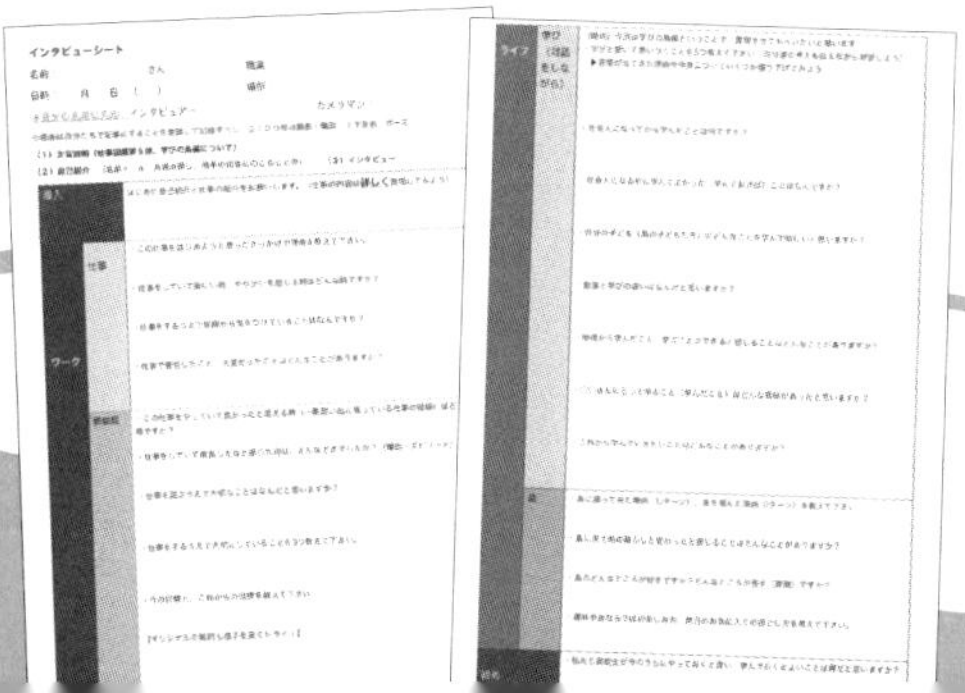
インタビューシート
名前　　さん　　職業
日時　月　日（　）　場所
導入
仕事
ワーク
ライフ

取材時に使用するインタビューシート
インタビューするときの土台となる
相手に対して興味が湧いてくると
予定外の質問が出てくることも

実際に、地域に出て取材がはじまる。インタビュー後の振り返りが最も重要
最初は失敗もあるが、振り返りを通じて、目を見張るほどの成長を見守ろう

Ⓚ 取材の振り返り

取材の当日に振り返りを

記憶や体験が鮮明なその日のうちに振り返りをすること。振り返りの観点は大人が明示する。インタビューの帰りの最中でもOK。

その日の内に生徒の気づきを言語化しておくことで、後々のインタビュー振り返りシートの記入もしやすくなる。

参加者

生徒	教員	コーディネーター	地域住民	商工会
○	○	○		

中間の振り返りで全体共有

時間が取れるようであれば、インタビュー体験を、インタビューチームの生徒全体に共有。インタビュー期間中でもインタビューをブラッシュアップできる。

参加者

生徒	教員	コーディネーター	地域住民	商工会
○	○	○		

中間の振り返りで体験を共有
インタビューの精度を高めていける

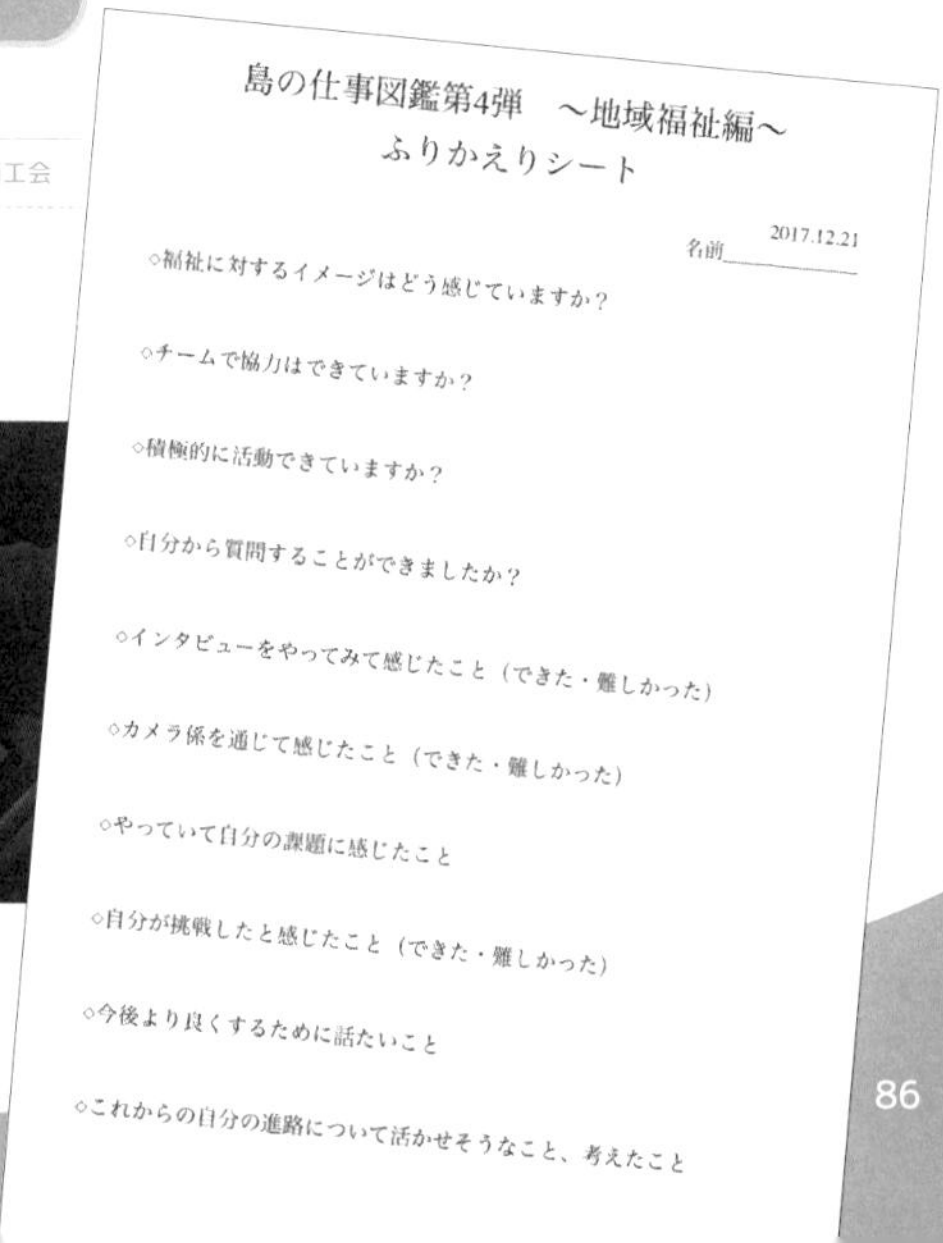

島の仕事図鑑第4弾　～地域福祉編～
ふりかえりシート

2017.12.21
名前＿＿＿＿＿

◇福祉に対するイメージはどう感じていますか？

◇チームで協力はできていますか？

◇積極的に活動できていますか？

◇自分から質問することができましたか？

◇インタビューをやってみて感じたこと（できた・難しかった）

◇カメラ係を通じて感じたこと（できた・難しかった）

◇やっていて自分の課題に感じたこと

◇自分が挑戦したと感じたこと（できた・難しかった）

◇今後より良くするために話たいこと

◇これからの自分の進路について活かせそうなこと、考えたこと

3 取材

いよいよ取材にでかける。スケジュールの調整を行い、生徒たちがインタビューを実施する。仕事をする人たちと接することで、さまざまなことを感じることができる貴重な機会。

- I アポを取る
- J 取材にでかける
- K 取材の振り返り

I アポを取る

取材の日程を決める

取材先にアポを取り、取材の日程を組もう。取材先への連絡は、必ずしも生徒がする必要はない。地域の人たちがチームにいるので、つてや役場、商工会などの組織のバックグラウンドをうまく活用していこう。

参加者

生徒	教員	コーディネーター	地域住民	商工会

ADVICE!

写真撮影の際は、室内でも暗い場合も多い。カメラのフラッシュを使うと立体感のない写真になってしまうのでできるだけ使用しない。インタビュー時の写真が暗い場合は、インタビュー前後に明るい場所に移動しての撮影も心がけよう。可能であれば仕事の様子などのシチュエーションも。

J 取材にでかける

インタビューと写真撮影の本番

準備したインタビューシートに沿ってインタビューをしよう。その際、先生は生徒の見守りに徹すること。生徒に失敗をさせないようなフォローをしてしまいがちだが、口を出さずに失敗を見守ること。

ADVICE!

本番で必ず良い写真が撮れるとは限らない。一回の取材で100枚以上撮影していれば数枚は良い写真がでてくる。丁寧かつ沢山の撮影を心がける。

ADVICE!

人だけでなく、仕事道具や仕事の成果物、あるいは道具を握っている手など、人物以外の物を撮影させてもらうと、新しい視点を考えるきっかけにも。

参加者

生徒	教員	コーディネーター	地域住民	商工会

プロジェクトとカリキュラムが交わった貴重な瞬間
インタビューに参加していない生徒にもプロジェクトの存在を知ってもらうきっかけになる

Ⓜ プロにデザインを依頼

デザイナーに冊子のデザインを依頼する

自信を持って手渡せる成果物（仕事図鑑）は、生徒をはじめ、制作に関わった人たちの姿勢が本気であることを感じさせる。インタビューした内容や撮影した写真をきちんとデザインすれば完成した仕事図鑑を手にしたときの達成感も高まる。また、周囲へ与えるインパクトも大きくなるはず。仕事図鑑で伝えたいこと、達成したいことなどをデザイナーと共有しながら制作しよう。仕事図鑑を継続するために、シリーズ化することも視野に入れる。

ADVICE!

撮影した写真の選択は、最初のうちはデザイナーなどのプロに任せよう。こちらが良いと思った写真でも、よくみたらブレていたり、ピントがあってなかったりすることも多々ある。またレイアウトの構成上、顔の向き等が合わない場合もある。

参加者

生徒	教員	コーディネーター	地域住民	商工会

Ⓝ 取材先へ記事の確認

確認を行い事実に間違いがないように

デザイナーから上がってきた校正用のレイアウトをもとに、記事の内容に間違いがないか、取材先に確認を取っていく。取材先と何回かのやり取りが必要になってくる。

ADVICE!

文章全体や、細かい表現を確認してもらうよりも、事実に間違いがないかだけを確認してもらうのがコツ。修正作業が多くなるとやり取りに時間がかかりすぎて大変になることも。

参加者

生徒	教員	コーディネーター	地域住民	商工会

4 記事制作

インタビューシートに書かれた内容を元に記事を書いていく。シートに書かれたメッセージをくみ取りながら読み手に伝わる文章を書いてみよう。

- Ⓛ 記事を書く
- Ⓜ プロにデザインを依頼
- Ⓝ 取材先へ記事の確認

Ⓛ 記事を書く

インタビューシートをもとに記事を書く

仕事図鑑に掲載する文章をつくろう。そう多くない文字数で文章をまとめる必要があるため、文章をまとめる大変さが体感できる。記事を書く人は必ずしも取材した人と同じでなくてもOK。その場合はインタビューシートが要になる。複数名でシートから取材者の思いをくみとりながら文章を組み立ててみよう。タイトルやキャッチコピーを考えるのもなかなか楽しい。

前作の冊子を見ることで
記事の書き方がイメージしやすくなる

ADVICE!

国語の先生が活躍するチャンス。記事の書き方をレクチャーしてもらおう。PJに直接関わっていない人も、得意分野で積極的に関わってもらおう。

ADVICE!

教科横断授業を実施しよう。国語の授業で記事を書いてみることを目指す。担当の先生と生徒に身に付けたい力のすり合わせを行ったうえで、カリキュラムに落とし込んでみよう。

デザイナーが仮組みしたレイアウトに
自分の文章を落とし込んでみることも

参加者

生徒	教員	コーディネーター	地域住民	商工会
○	○	○		

完成報告会の実施

報告会で対外的な区切りをつける

プロジェクトに関わった全ての人へご案内を出す。次回以降に巻き込みたい人がいれば合わせて報告会に招待する。地域とさらに繋がるチャンスの場でもある。報告会はあまり無理をせず校内だけでも良い。すべてにおいて無理をしないことが大切。無理をしないことで継続をしていく。

ADVICE!

取材先の地域住民にお礼をしよう。プロジェクトを継続するためにはここが一番重要。第2弾も作りたいと相手から言われたら成功。

参加者

生徒　教員　コーディネーター　地域住民　商工会

生徒、学校関係者、さらにはインタビューを受けた人たちを招待して生徒が自身の学びを織り交ぜて報告

5 完成報告

冊子が納品されて完了だともったいない。最後の振り返りや報告会などを行うことで生徒たちにとってより深い学びに繋げていこう。

- O 仕事図鑑の納品
- P 最後の振り返り
- Q 完成報告会の実施

O 仕事図鑑の納品

完成した仕事図鑑との対面

仕事図鑑として成果物が納品されると、いろいろな気持ちや記憶が蘇る。その瞬間の気持ちも大切な記憶に。

参加者

生徒	教員	コーディネーター	地域住民	商工会

P 最後の振り返り

生徒たちに次回以降の意欲を確認

プロジェクトを通じて身についた力を自己評価して、次のプロジェクトへの参加意欲をかきたてる。

参加者

生徒	教員	コーディネーター	地域住民	商工会

全体の振り返りシート
経験と達成を全員で共有
次回作への意欲を高める
強力なツール

島の仕事図鑑第5弾

インタビュー振り返りシート

2018/02/06

名前

☆ポイント☆インタビュー前・後で自分の中でどのような気づきがあって、どのように変化していったのかを見つめてみよう。大切なことはそう感じた理由です。

(1) 仕事に対する印象	はじめは、けっこうお金のためってんばかりだと思っていたけど、ただ楽しくて自分のことをやっているんだなと気づけました。
(2) 印象的だった話・心に残っている話	ヴァンさんの手作りの家が2万円で作ったこと。 死ぬまで学べる。の2つです。
(3) 働く人たちの魅力・スゴいところ	何があっても乗り越えて続けていること。仕事をすることを楽しんでいること。
(4) 自分の進路につながる・活かせること	考えすぎない。ポジティブに考える。でも、なおすように努力すること。 少しでも楽しいと思えるようなものにする。ということです。
(5) プロジェクトを通じて身に付いた力	思ったことを自分で聞けなかったりしたけど、少しは聞けるようになりました。

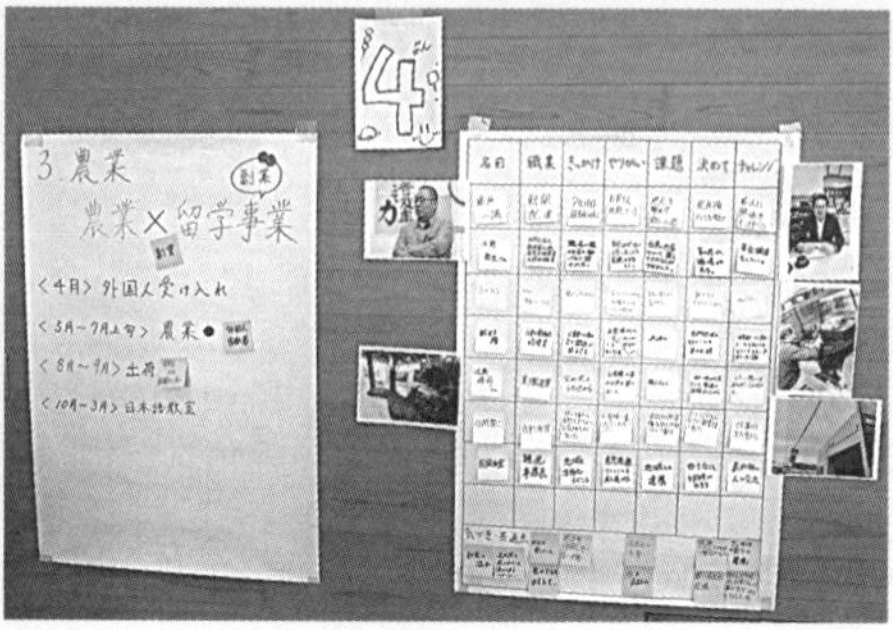

商工会が開催した「大崎上島 みらい会議」
仕事図鑑の取材を通じて知った職業が持つ課題。生徒や学生が解決策とアクションプランを考える。
高校生らの視点で考えられたアイデアは、現場の人、高校生らともに学びのある場となった。

【商工会】

活用例	活用例	活用例
島内全戸への配布 地域の話題に	移住施策 島のＰＲ	大崎上島 みらい会議を開催 職業の課題を考える

～若者と一緒に事業承継を考える時間～

島内外8校からの53人。大崎海星高校、広島商船高専以外の高校からの参加者も、事前に出身地域の「継ぎて」にインタビューを行ってから参加している。当日は、事前学習や講話からの気づきを共有しながら、みらい図鑑に登場する事業者をケースとしたビジネスアイデアをチームで話し合う。アイデアを発表するポスターセッションは一般公開され、町民や事業主も交えて活発な意見交換が行われた。

プログラム

10:30	開会、アイスブレイク、チームビルディング
11:30	交流ランチ
12:30	講師：尾野 寛明 氏 演題「持続可能な社会に向けた各地域の最先端の取り組み」
13:00	ワークショップ「高校生が事業承継の課題解決に挑む！」
15:00	高校生らの発表、ポスターセッション
16:00	尾野氏による講演会「担い手育成と事業承継問題について」
16:30	講評
16:45	振り返り、集合写真
17:00	閉会

主催　大崎上島町商工会
共催　大崎海星高等学校
後援　大崎上島町
　　　認定NPO法人カタリバ

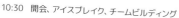

6 活用

一旦終了しても、ずっと活用することができる仕事図鑑。冊子そのものがさまざまな PR ツールになりえるので、高校以外の機関でも活用できる。また、生徒の教材に展開していくこともできる。プロジェクトを継続することで、さらに深い学びへと昇華していく。

【高校】

活用例　仕事図鑑の次号制作の手本として ワークショップで活用

活用例　島を知る、働くを考える教材に 総学で掲載者を招いて講話

参考資料

総学にて仕事図鑑に掲載された人からの講話

参考資料

みらい会議 ―継ぎて編― in 大崎上島

4号目の「地域福祉編」から開催されるようになったワークショップ「大崎上島みらい会議」。各号のテーマに沿って島の未来を構想するイベントは一般に公開され、高校生が課題発見力·協働性を身に付けるだけでなく、住民が地域の未来を考える機会ともなっている。

「継ぎて編」に合わせた会議は、登場する事業所をモデルケースに、島内外の高校生が対話を通じて学び深め合う場として設計。日本全国で発生している「事業承継」問題に対して、講師から日本各地の事例を学んだり、実際の事業者からのリアルな声を聞くことで、未来について考えた。答えのない問いに真っ向から挑み、チームで課題解決学習に取り組む過程を通して、激変するこれからの社会を生き抜く力をつけることが学習の狙いだ。継ぎて編のワークショップに集ったのは、

高知県立窪川高校の生徒

1対1のインタビュー
少人数を活かした『シマコレ』

"生徒たちがジブンゴトとして地域の方と対話できるものに"との思いから、2018年度より「地域を知り、自分を知る」をテーマとした1年生の総合的な探究（学習）の時間の内容を変更しました。少人数であることを活かし、全員が1対1のインタビューを行うプログラムは町役場の協力により実現しました。生徒たちは候補者の仕事分野、価値観からインタビューしたい人を自分で選び、大人の価値観を探究できるよう、録音の文字おこしを何度も読み返しながら記事を作成しました。
こうしたことを通じて、生徒たちは視野を広げ、それぞれ自分なりにありたい姿を思い描くことができました。また、中には冊子の活用提案・依頼をする有志活動に意欲的に参加した生徒もいます。さらに、学内外の様々な機会を通じて地域にでることや大人と対話することに前向きな様子が見られ、個別にプロジェクトに取り組む生徒も現れるなど活躍の場を広げつつあります。そんな変化がみられる中で、授業のプログラムは少しずつ改善を加えながら3年目を迎えようとしています。

渡辺 未奈
前・四万十町コーディネーター
現・㈱ベネッセi-キャリア

授業運営／1年団
プログラム支援／四万十町コーディネーター
協力／四万十町人材育成推進センター
地域の大人49名（候補のみ含む）

応用事例

広島県 大崎上島で生まれた「仕事図鑑」は、既に他県の生徒たちの手によって応用され初めています。冊子の制作を通じて、地域での気づき、価値観の探究などにつながる仕事図鑑。その地域に合わせて発展し、独自の進化を遂げています。

島根県雲南市の中高生

地元ティーンエイジャーがつくる情報誌『ジモティーン』

雲南市の魅力的な大人から中高生が学び、地域を舞台に学ぶ意欲を高めることを目的に、地元の十代（teenager）でつくる情報誌「ジモティーン」を制作しています。十代の若者が手をとってみたくなるような情報誌をめざし、市内の有志の中高生が放課後の時間や土日を使って活動しています。取材先は市内で起業や社会貢献活動にチャレンジしている社会人の方々。社会教育主事やカタリバ職員が取材先をコーディネートし、最終的に生徒たちが選んでいます。

情報誌制作に関わった生徒たちは、地元の誇れるものに気づき、地元のために何か行動を起こしたいという意欲を高めています。ある生徒は、お茶農家さんから「小さな頃から慣れ親しんだ味が大人になっても好きな味になる」というお話を聞き、「地元を好きになることも、これと同じだ！」と気づきました。そして、あらゆる年代が地元の良さを感じられるようにするためにはどうしたらよいのか？と考えるようになりました。

取材先との関わりは情報誌制作後も継続し、高校での探究授業への協力や、生徒がプロジェクトを始めるときに、活動の場を提供していただいたりしています。

起塚拓志
認定NPO法人カタリバ
岩手県立大槌高等学校 魅力化推進員

インタビューシート（インタビュー時に記入したもの）

《インタビューシート（農業版）》

名前：　　　　　　　さん　　　　職業：
日時：　1 月 24 日　（ 日 ）　　場所：オーガニックファーム
インタビュアー：　　　　　　　　カメラマン：

（1）自己紹介　（ 名前 ／ 地区 ／ 学年 ／ 部活 ／ 趣味など ）
（2）インタビュー

導入		はじめに自己紹介と仕事の紹介をお願いします。 さん（Uターン）66さい　さん 39さい　有機JAS ─ 自然界にあるものだけでつくる。 かんきつ　制作　みかんはちみつ　面積 4ヘクタール（かんきつ 3.7　0.3 オリーブ）
オン	仕事	・農業をはじめようと思ったきっかけを教えて下さい。 ・農業の仕事がなかったらどんな仕事をしていたと思いますか？ 店 ─ 人口がへった ─→ 少しの畑を広げていった
		・仕事をしていて楽しい時はどんな時ですか？ 消費者が評価してくれた時。（おいしいと いってもらえた時）
		・仕事の仕方はどうやって学んだのですか？ （例）土地等はどうやって手に入れたのか？（Iターンの人は特に） 地元地域のつくり方 └→ 現場の人とはなす，技術を学ぶ，一緒にはたらいたらおぼえた
		・失敗したこと、怒られたことや大変だったことはありますか？ └ 肥料を木にあたえすぎる 悪いものがふえすぎて（草が）畑を全部だめにした。
	こだわり	・仕事の中で譲れないことや仕事中のこだわりはありますか？ おいしくないとダメ　肌荒れはとうぜて　小さくても日本一のみかん ◎いかにおいしくしていくか　根もかり作業
		・どうして今作っている農作物をつくることにしたんですか？ 適地適作 ・どんな人に食べてもらいたいと思って作っていますか？ 子ども（高校まで）（オーガニックをふやすため） ・作っている農作物の一番おいしい食べ方、オススメの食べ方を教えて下さい。 みかんはふつう　ネーブル ─ ざくぎりにして（はちみつ、練乳などかける）

自分でネーミングをつけ売る（客に売る時）

体力ある。畑でびっぱる。　仕事が好き。

マニアック		・お気に入りの農具を教えてください。 （わからなければ：それは何に使うものですか？） →お気に入りの工具を持ってもらって使い方等を教えてもらい写真を撮る 畑の中でお気に入りの場所があれば、そこで写真を撮る。 しんちゃん号 1号 2号
価値観	働くとは？	・１日の労働時間はどれくらいですか？ ・休みはありますか？どうやって決めているのですか？ 仲 4時間　3時まで　年 8時間
	お金って？	・１００万円もし自由に使っていいと言われたらどんなことに使いますか？ オリーブの　孫のよう育費
	食べるとは？	・「食べる」ってどういうことか、何か考えがあれば教えてください。 大事なこと
オフ	島	・いつから島にいますか？（Uターン・Iターン）
		・島のどんなところが好きで、どんなところが苦手ですか？ かんしょうされる
	休み	・休日はどんな過ごし方をしますか？ 家族 昼からは休日 ほぼねる。
	家族	家族構成を教えてください。 ばあちゃん　よめさん　子2人
		（子どもがいれば）　子どもにも、この仕事をやらせたいですか？ もちろんです。
		（家族がいれば）　家族にこの仕事を自慢できますか？
締め		・農業は好きですか？（Yes or No） →（yesだったら）　どんなところが好きですか？ →（まとめてもらう）　農業（or 働くこと）の魅力を一言で表すとなんでしょうか 自営業「自由」

◎お助けワード
具体的にもう少し教えてください ／ ほかにもありますか？

のうかになりたい

参考資料 インタビューシート

インタビューシート

名前： さん 職業：

日時： 月 日 （ ） 場所：

＊自分の名前に丸印 インタビュアー： カメラマン：

☆最後は自分たちで記事にすることを意識して記録すべし ☆１００枚は撮影！構図：上下左右、ポーズ

（１）主旨説明（仕事図鑑第５弾、学びの島編について）

（２）自己紹介 （名前＋ α 共通点探し、相手の印象にのこること等） **（３）インタビュー**

導入		はじめに自己紹介と仕事の紹介をお願いします。（仕事の内容は**詳しく**質問してみよう）
ワーク	仕事	・この仕事をはじめようと思ったきっかけや理由を教えて下さい。 ・仕事をしていて楽しい時、やりがいを感じる時はどんな時ですか？ ・仕事をするうえで普段から気をつけていることはなんですか？ ・仕事で苦労したこと、大変だったことはどんなことがありますか？
	価値観	・この仕事をやっていて良かったと思える時（一番思い出に残っている仕事の経験）はどんな時ですか？ ・仕事をしていて成長したなと感じた時は、どんなときでしたか？（理由・エピソード） ・仕事を選ぶうえで大切なことはなんだと思いますか？ ・仕事をするうえで大切にしていることを3つ教えて下さい。 ・今の目標と、これからの目標を教えて下さい 【オリジナルの質問も様子を見てトライ！】
ライフ	学び（対話をしながら）	（説明）今回は学びの島編ということで、質問させてもらいたいと思います ・学びと聞いて思いつくことを5つ教えて下さい（自分達の考えも伝えながら対話しよう） ▶言葉が出てきた理由や中身についていくつか掘り下げてみよう ・社会人になってから学んだことは何ですか？ ・社会人になる前に学んでよかった（学んでおけば）ことはなんですか？ ・自分の子ども（島の子どもたち）にどんなことを学んで欲しいと思いますか？ ・勉強と学びの違いはなんだと思いますか？ ・地域から学んだこと、学ぶことができると感じることはどんなことがありますか？ ・○○さんにとって学ぶこと（学んだこと）はどんな意味があったと思いますか？ ・これから学んでいきたいことはどんなことがありますか？
	島	・島に帰って来た理由（Uターン）、島を選んだ理由（Iターン）を教えて下さい ・島に来て前の暮らしと変わったと感じることはどんなことがありますか？ ・島のどんなところが好きですか？どんなところが苦手（課題）ですか？ ・趣味や島ならではの楽しみ方、休日のお気に入りの過ごし方を教えて下さい。
締め		・私たち高校生が今のうちにやっておくと良い、学んでおくとよいことは何だと思いますか？

◎お助けワード 具体的にもう少し教えてください/それ以外にもありますか？/どんな場面ですか？

◎お助けクエスチョン 好きな言葉/座右の名/

参考資料　インタビュー振り返りシート

島の仕事図鑑第５弾
インタビュー振り返りシート

2018年 1月22日（月）

名前

自己評価10点中 7 点

＊評価について＊

1 できなかった / 2 あまりできなかった / ③ ややできた / 4 できた

インタビュー対象者氏名	脇坂さん	インタビューの回数	2 回目
職業名	鉛の運搬・搬入作業	自分の役割	インタビュー・カメラ（「インタビュー」に丸印）
明るく積極的にできた	1・2・③・4	常に笑顔と挨拶ができた	1・2・3・④
失礼のない態度（身だしなみ含む）	1・2・3・④	人の話を聞けた（相づち）	1・2・3・④
丁寧な言葉遣いができた	1・2・3・④	会話の流れをつくれた	1・2・③・4
返答の中から質問（疑問）をつくれた	1・2・③・4	楽しくできた	1・2・3・④
地域の魅力を深められた	1・2・3・④	職業への理解が深まった	1・2・3・④
個人の変化 今回は、＿＿＿＿	1・2・3・4	チームの変化 今回は、＿＿＿＿	1・2・3・4
印象的だった話 面白かった話	・島での生活が不便と感じたことが無い。 ・勉強（一般教科）をしておけばよかった。		
学んだこと 今後に活かせそうな事	・自分が住んでいた地域と比べ、話を広げていく。 ・質問内容を具体的にする。		
難しかったところ 反省点	・会話や応答に行き詰まった時、上手に話を展開していくところ。 ・抽象的な質問に相手が答えにくかった点		
改善の仕方	（次へのインタビューで追加したい質問/改善したい写真の取り方/時間配分/メモの取り方/やっておくべき準備） 〈仕事で大切にしてること（抽象的）〉 相手の状況に合わせて、〈仕事をする上でこれに気をつけて毎日を過ごしていること（具体的）〉に質問内容を変えて返答し易いように工夫する		
次回への一言 その他	自分が住んでいた地域と比べたり、体験談を元にした質問を考えることで、自分にしか分からない新しい大崎上島の特徴を見つけていきたい。		

「何もない」と思っていた島のことが大好きに

最初は、少しめんどくさそうっていうのが正直な感想でした。友達も参加するって言ってるし、先生にも勧められたから、まあ半分仕方なく（笑）。でも、自分が生まれ育ったこの島のことをもっと知りたいなっていう気持ちも多少はあったんです。その仕事の存在を知ってはいても、表面上のことしか知らなかったですから。例えば移住してきて事業を起こしている人が、なぜこの島に来てなぜその仕事をしてるのか、どんな気持ちで取り組んでるのかなんて、ぜんぜん知らないし、知る機会もなかったし。

ただ、結論としては、それを知ることができてめちゃくちゃ良かった！ 中でも私がいちばん驚いたのは、牡蠣の養殖業者さんの取り組み。それまで私が持っていた情報やイメージは、単に「牡蠣を育てている人」。でも話を聞いてみると、最新の取り組みに次々とチャレンジなさっていて。「牡蠣の自動販売機」とか作ろうとしてるんですよ。もう、びっくりです。それで「もっといろんな人の話を聞いたら、もっと面白いのかな」って思うようになって、どんどん仕事図鑑の活動にのめり込んでいきました。

インタビューさせてもらったみなさんの生き方からも、大きな影響を受けました。「何事も、挑戦してみるって大事だな」って。それまでも、挑戦が大事だってことくらい、頭では分かっていたんです。でも、行動にまでは起こせないことが多くて。なのに、あの人たちは違った。移住してきたこともそう、新しい仕事の取り組みもそう。自分がやってみたいことを、ちゃんと行動に移していました。それで私も、積極的に行動すれば「なんかいいこと」があるんじゃないかって思えるようになったんです。

具体的には、「もっと人に会ってみよう！」という行動が取れるようになりました。例えば、他の町で地域活性化に取り組んでいる人のところへ会いに行って話を聞くとか。昔の私なら、もし誘われても「いえ、私はやめときます……」って言ってたかもしれません。（同じく島の中にある高専の）広島商船の子たちと一緒に取り組んだおかげか、あまり人見知りしなくなった気もしています。

もちろんこの島のことも、さらに知りたいと思うようになりました。もともとそういう気持ちはあったけど、がぜん強くなったと言うか。たぶん「この島には、面白い人が実はいっぱいいるんだ」と分かったからだと思います。中学までは「何もない島だし」っていう感じだったけど、島のことが大好きになりました。

大崎海星高校2019年度卒業
大阪城南短期大学現代生活学科1年
武内　繭

島の仕事図鑑…第３弾「農業」編

放課後の有志メンバーではじまったPJが、授業として実施されるようになった。総合的な学習の時間として、全生徒へ地域と協働する機会が与えられて、徐々に生徒が地域を意識するようになり、地域も高校を意識し始めた。具体的には、冊子を教材に進路について考えたり、取材を受けた人の出前授業がはじまったりと連携が決まっていった。

島の農業は自然との関わり方

農業と銘打っているが、掲載されている人たちは農業との関わり方が個性的。夫婦、親子、造園、自然農などなど自然と向き合う姿が印象的である。形骸化しつつある農業のイメージを転換するため、自然と向き合うことの楽しさと朗らかさを表現する表紙。裏面にはなんと実話に基づいた「農家人生スゴロク」が。

CHAP.
3
中堅教員

校長の熱意と生徒の言葉が、中堅教員の心を動かした

大林校長の熱意と生徒の「ある言葉」に突き動かされ、校内における魅力化担当教員の筆頭格として活躍した石井孝明。大林校長を支えるサブリーダーとなり、魅力化全体を俯瞰する立場から仕事図鑑にも携わる。生徒と共に教員が地域へ出ていく（関わる）ことで、産業や住民の人柄、仕事への想いなど、机上論では決して分からない地域の良さを実感。生徒の全国募集の場においても「自分の言葉で」広報することに転換していった。また、普段は目立たない生徒がインタビューで能力を発揮するといった新たな才能の発見、ひいては「地域×学校」の中で教員にできることの可能性の広がりさえも見出した。現在は、仕事図鑑のような地域連携ＰＪと、通常の教科学習が連携するような教育環境を模索中。

二番目に躍り出した男

魅力化ＰＪを推進していくにあたり、大林秀則校長の〝右腕〟とも言える存在だったのが、石井孝明教諭（当時38）だ。ＰＪがまだ動き出していない２０１２年度、大林より2年早く大崎海星高校へ着任。魅力化では主に生徒募集における中心メンバーとなり、広報や学校説明会で全国を駆け回っては、声を枯らし、汗を流した。仕事図鑑は直接の担当ではないが、魅力化という大きなビジョンの中で、大林とともに全体を見てきた。また、大林や他の魅力化担当教員らが異動していくなか最後まで海星高校に残った（2020年度・広島県立安芸南高校に異動）いわば最古参で、PJの始まりからここまで（2020年3月）の6年間すべてを経験してきた、唯一の存在でもある。いつも謙虚で柔らかい物腰を崩さず、人の悪口を言うこともなければ、怒りや悲しみといった負の感情を人前で見せることはほぼない。闘志は内に秘めるタイプだ。教員として中堅クラスとなった今でも偉ぶることなく、誰もがその人柄に好印象を抱く。

「僕は、前面に立ってものごとをぐいぐい押し進めたり、ゼロからイノベーションを起こしたりできるようなタイプではありません。そういうんは、もっとすごい他の誰かがやることで、自分にできるのは『やるぞ』と決まったことを粛々と実行することぐらいで……」と謙遜するが、まさにその実行力なくして、魅力化PJがここまでの成果を出すことはなかっただろう。いくらリーダーが笛を吹いても、配下の実行メンバーが踊らなければ、PJは停滞してしまう。

すべてがそうではないにせよ、得てして学校という組織は保守的で、新しい取り組みを煙たがりがちだ。組織構造も鍋蓋式で、民間企業のような縦系統の指示体系もないため、校内全体で足並みを揃えることが難しい。魅力化PJのような未知のチャレンジともなればなおさらである。中にはあからさまに反発する者や、乗り気にならない者がいてもおかしくないし、へたをすると、教職員の誰一人として動かない可能性だってある。

加えて特に公立校ともなれば、人事異動は避けられない。仮にいくらＰＪに積極的に関わろうとも、志半ばで現場を離れなければならない場合もある。実際に大林もそうだった。もっと言えば、一生懸命やろうとやるまいと、自らの給与に反映されるわけでもないし、勤務先の学校が統廃合されようが、生徒が減ろうが、個人的に困ることは何もない。ましてや、自分の母校でもふるさとでもないわけだ。それならいっそ、面倒なことや仕事が増える事案は避けて通りたいと考えるのも無理からぬ話である。

そんな環境下だからこそ、石井のような存在はＰＪに欠かせないピースだ。大林を「裸の男（踊る男）」の話に例えたが、大林が巻き起こした渦に校内で最も早く飛び込み、二番目に踊り始めたフォロワーが石井だったと言えるかもしれない。「裸の男」の教訓は、最初に動き出すリーダーはもちろん優秀だが、そのリーダーの動きに気付いて二番手となった者もまた、異なるタイプの優れたリーダーであることを示唆している。いかに最初のリーダーが素晴らしくても、二番手が現れなければその動きは決してムーブメントとはならないからだ。「一人で踊る変人がいた」という事実のみで終わる。

怪しい男と一緒に踊ろうとする、最初の一人になるのは勇気が必要だ。自分も変人扱いを受けかねないからである。しかしその勇気が、流れを変えるのだ。ＰＪをゼロから生み出す「最初に踊った男」がイノベーターなら、「二番目に躍り出した男」はインフルエンサーだ。ＰＪが大きなムーブメントとなるかは、二番手の出現とその力にかかっていると言っても過言ではないだろう。石井はそういう存在だ。

わたしらの学校、またなくなるんじゃ

魅力化PJが動き始めた2014年の春。大林の大号令のもと、当時、3年生の担任だった石井のもとにもPJの話が舞い込んできた。当時を振り返って、石井はこう語る。「最初は、特になんとも思わなかったというのが正直な感想でした。『へー、そんなことやるんか。いったいどんなことをするんじゃろ?』という程度で。業務の一環くらいにしか考えてなかったように思います」。タスクを粛々と進めることが得意な石井らしい反応だが、間違えてならないのは、石井に「想い」がなかったわけではないということだ。本人も「魅力化に対する熱量は、間違いなく持っとったと思いますよ」と強調する。その熱を起こした発火点は、石井が大崎海星高校に着任して初めて担任を持った生徒たちへの想いだ。

大崎上島には、大きく分けて三つの地区がある。東野地区、大崎地区、木江地区だ。かつては、それぞれの地区に小中学校があったが、人口減少による学校統廃合の波は、まずここへ押し寄せた。町としてもそれが苦渋の選択だったことは察するに余りあるが、始めに小学校が統廃合され、次いで中学校も同じ道をたどることとなる。石井が着任後に受け持った生徒たちは、その最初の当事者世代だったのだ。

彼らは、通っていた小学校が突然なくなり、在学途中で他の小学校へと編入せざるを得なくなった。さらに、進学する予定だった中学校もなくなり、一つに統合された別の中学校に入学することとなった。「行こうと考えとった、当然行くもんじゃと思うとった学校すらなくなり、奪われてしもうた。この子らは、そん

な経験をしながら育ってきとるんです。そこへ、大崎海星高校の統廃合の話まで出てきたわけですよ。それを知って、ある生徒がふとこう漏らしました。『ああ、わたしらの学校、またなくなるんじゃ……』って。そのひとことが、僕はいまも忘れられんのです。ただなくなるんじゃのうて、『また』なくなるって言うたんですよ。悲しそうではあったけど、同時にもう慣れたというか、まるでそれが普通かのような口調で。もうね、ショックというか愕然とするというか。この子らは、こんな想いで学校に通っとるんか、これがこの子らの日常なんかと、いたたまれない気持ちでいっぱいになりました。それが最初です」。

そんな生徒たちの〝リアル〟を目の当たりにする少し前、2014年2月。件の「基本計画」が発表された際は、正直な感想として「ああ、これでもう大崎海星高校はなくなるな」と思ったという。着任時から高校統廃合の話は噂されており、やはりというか、くるべき時がきた、致し方ないことだとも感じていた。魅力化PJ発足の話を聞いたときも、業務の一環として淡々と受け止めていたにすぎない。しかし、生徒の「また」という言葉を聞いたとき、いてもたってもいられなくなった。どこか対岸の火事のような感覚だった統廃合が、自分ごとになった。石井の中にあった生徒たちへの想いが、教育者としての本懐が、傍観者でいることを許さなかったのだ。

ただ、石井は言う。「この子たちのために何かしてあげないと！とか、地域の未来のために！とか、そんな崇高な使命感なんかじゃありませんでした。とにかく単純にイヤじゃったんですよ。いま目の前で自分が受け持っている子がそんな想いを抱えとるんが。教員としてというより、人として腹が立ったし、悲しかったんです」。

それと前後して、大林から改めてこんな話があった。「たぶん、仕事もぶち（＝ものすごく）増えるし、めちゃくちゃ忙しゅうなる。間違いなくしんどい。じゃけど、架けた梯子はワシが絶対に外させせんけえ。石井さん……すまんがワシと一緒に死んでくれ。魅力化、一緒にやろうや」。胸が熱くなった。二つ返事で「やりましょう！」と答えた。

島と自分を卑下する子どもたち

そうした想いを抱いて動き出した、石井と魅力化ＰＪ。そのさまざまな取り組みの中で出てきたのが、仕事図鑑だった。魅力化にも仕事図鑑にも、興味のない教員はまったく興味がない。時間をかけてじっくりと彼らを巻き込むというのも選択肢ではあるが、なにせ大崎海星には時間がない。３年（検証期間を含め５年）というカウントダウンの掲示が、頭の上で刻々と点滅している。そこで大林校長は、魅力化を担当する教員、その中でも石井のように生徒募集を担当する教員、仕事図鑑を担当する教員など、役割と責任を明確に分配するマネジメントを行った。校内で仕事図鑑を直接的にけん引したのは後述する長門教諭らだったが、魅力化全体の枠組み内における仕事図鑑の価値を、石井はこのように感じている。

「生徒の立場で見れば、自分たちの島にこんなカッコいい大人がおるんじゃとか、実はこんなに仕事があるんじゃとか、『自らの体験』を通じて知ることですね。教室で先生や資料から学ぶんじゃなくて、素敵な大人たちと直に交流できることに意義があると思います。ロールモデルっていうんですかね。それらに直接触れることで影響を受け、進路や仕事に対する考え方や島への認識が変わったり、内気だった子がアクションを少しでも起こせるようになったり、人に話を聞くことや、写真を撮る楽しさに目覚めたり。そういう変化を感じるようになりました」。

いわばキャリア教育的な要素であるが、一般的なそれは、学校に〝エライひと〟を招いての講演や、ワークショップの開催に納まることが多い。学校の中での閉じられた学びになりがちだ。それはそれで価値あるものだが、もしキャリア教育において、地域というリアルなフィールドや生身の人間の中に飛び込んでいければ、その質もずいぶん変わってくる。社会心理学的には、仕事図鑑で生徒たちが抱いたような内発的動機は、強い自己有用感・自己決定感を育てるという。一方的に学びを与えられるのではなく、自分の意思で質問することや、生きたフィードバックなどを通して、自ら学びを作る過程を経験できるはずだ。

実はこれまで、島の子どもたちの多くにとって、島の生活に対する印象は決して良いものではなかった。歯に衣着せずに言うと、卑下していた。UIターン者に対しても「なんでこんな何もない島に戻ってきたの？ なんでわざわざ移住してくるの？」と感じる生徒が多かったのだ。しかし、仕事図鑑を通じて当人たちから「なぜ、ここに帰ってきたのか」「なぜ、ここを選んだのか」「なぜ、ここを出て行かなかったのか」を直接知ることができる。そして、自分たちが生まれ育った島の魅力や価値を再認識したり、新たに気付いたりできるのだ。

加えて高校生のキャリア観（進学先や将来の職業選択）を考えたとき、基本的に彼らはそれを「自分が持っている情報」「自分の知る範囲」からしか選ぶことができない。知らないものは、選びようがないのだから当然だ。問題は、それが選択肢のすべてだと思い込んでしまうことである。だから、島には何も魅力がない、何もできないという情報しか与えられていない子は島から出て行き、そして帰ってこない。仕事図鑑は、そんな彼らにも「新たな世界」を見せる。「異なる選択肢」を示す。思い込みを壊すのだ。

また、地域・地方の高校生は、物理的な生活範囲、言い換えれば「世界」が狭く内弁慶になりがちだ。積極的になれなかったり、知らない人との交流に尻込みしたりするが、石井は、こうした傾向に対しても仕事図鑑による改善効果は大きいと説く。インタビュー経験を通じて抵抗が薄れたのだろう、自ら他者とコミュニケーションを取ろうとする姿勢が見えてきたのだ。「もっと話を聞いてみたい」という興味関心や、「もっとこんなふうに問いかければ良かった」という改善への意欲を見せるなど、人間的成長を感じさせる生徒が増えたことも嬉しいと目を細める。

「結局、何をするにしても、人と繋がらないとものごとは動かないし、変わらないと思うんですよ。将来を考えるにしても、単に会社の情報だけ得るんじゃのうて、そこで働く人に触れるのが大事というか。自分の狭い視野や経験だけで考えとったんが、人と繋がることで価値観が変わったり、何かがうまくいったり、発見があったり……血の通った人間同士の繋がりって、間違いなく子どもたちの財産になるはずです。正誤を教えられるだけじゃなくて『答えを見つけに行く』とか、インタビューで相手の『想い』に触れるとか、仕事図鑑はそういう経験を子どもたちの中に残します。僕は数学を教えていますが、教科学習の授業で『想い』はなかなか伝えられませんからね」。

いま、ブラックボックスが開かれる

一方で、仕事図鑑は、島だけでなく学校の魅力発信にも大きな楔《くさび》を打ち込み、流れを変え始めたと感じている。

「高校魅力化」を語るとき、そもそも学校が「誰にとって魅力的なのか」という視点を忘れてはならない。もちろん学校は生徒たちのものだから、まず生徒たちにとって魅力的であることが大前提だろう。しかし、学校が地域と繋がっていくためには、地域の人々にとっても魅力的な「気になる存在」であることが大切だ。その点で仕事図鑑は、地域の人たちが抱く大崎海星への認識にも変化を生み出した、と石井。住民から「最近の海星高校、なんかいろいろやっとるよね」という声をよく耳にするようになったのだ。

それまでの大崎海星高校は、地域に開かれているとは言えない状況であった。それは同校に限らず全国的な共通傾向ではあるが、地域住民にとって学校は閉ざされたブラックボックスだ。そこにあるのは知っているが、何をやっているのかまでは知らない。特に知りたいとも思わない。よしんば知りたいと思っても、接点がないので知る手段もない。こうして、地域唯一の県立高校でありながら、地域と共にある理想とは程遠い、ただの「生徒数が減って、なくなりかけている地元校」のできあがりだ。

断絶とまでは言わないものの、とにかく地域は高校に興味はないし、高校も地域に興味がない。互いに交わることなく、ただそこにあるだけの存在。こんな状況で「さあ、高校を魅力化しますよ！　地域の皆さんも協力してください。一緒に盛り上げましょう！」と叫んだところで、どれだけの人が興味を示すというのか。「このままでは統廃合です。なんとか残さないと！」と危機感をあおって共感を求めても、「なくなるなら、それもまた時代の流れ。仕方ないじゃないか」と思うのは至極当然な感想であろう。

仕事図鑑が変えたのは、その流れのベクトルだった。地域（の人々）が高校と関わる接点が生まれ、高校の動きに興味を持つ地域住民が増え始めたのだ。生徒たちが地域に出ていくことで、住民も高校の活動を知ることができる、地域と共にあろうとする学校の姿勢を理解する者が出てくる、高校が何をしようとしているのか、その真意に気付き始める……仕事図鑑が架け橋となって、高校存続や魅力化に対し、地域の理解と協力を取り付けていく一助となったのである。それが、先述の「最近の海星高校、なんかいろいろやっとるよね」という言葉に表れていると言えるだろう。「実際に、今では高校の魅力化に協力的な地域住民の方が増えました。そのきっかけの一つが仕事図鑑であったことは間違いないと思います」と石井。

もちろん、仕事図鑑だけですべてが良いほうに逆流しだすわけではない。大河に築いた小さな堰だったかもしれないが、少しずつ、だが確実に新たな流れを創り出したのだ。学校のみが主語となる「I」の発想から、みんなが主語となる「Ｗｅ」の発想へ。大崎海星高校は、「おらが島の高校」として、地域の象徴として、みんなの共有財産たる存在として、その歩を進め始めた。

教員たちの変容

認識が変わるという点では、生徒も地域住民もそうだが、教員にもその効果はあった。仕事図鑑制作を進めるにあたり、当然ながら教員も地域に出ていかねばならない。そこで教員も、生徒たちと同じように「こんな仕事があるのか」「こんな人がいるのか」という新たな発見をするのだ。石井は言う。「例えば僕たちが、生徒の全国募集をするために都市部で説明会を行ったり、広報イベントに参加したりしますよね？ そんなとき、僕たちも島の人々や仕事について、実体験に基づいて語ることができるのは大きいです。そうじゃないとどうしても机上論というか、ペーパーベースの情報で伝えることしかできんですから。『島の主要産業は造船で、○％の人が従事しています』なんてデータを語っても、しょせんデータですから、そこになんの感動もないし、心に訴えかけるものがない。リアリティがないんですよ。それに『島』というだけで、仕事がない、人がいない、モノがない、という先入観を抱いておられる保護者さんは多いです。そこで『いやいや、そうじゃないですよ』と自信を持って言えるかどうか。まだ実例こそありませんが、仕事図鑑を見て親と共に移住＋大崎海星高校へ進学、というパターンだってじゅうぶん起こり得ます。そういうとき、僕たち教員が実際に『知っている』『体験している』ことは、とても重要じゃと思うんです」。

さらに、魅力化活動への教員の意識にも変容が生まれた、と石井。それまで、仮に学校が地域と繋がりを持とうとしても、地域との接点がないことがそもそもの課題だった。そこを取釜や円光らコーディネーターが担ってきたわけだが、そのやり方を見ていれば「繋がり方」も少しは分かってくるものだ。石井も自らの変化をこう語る。「以前は僕も、学校は地域と交流がないから、教員にできることはないと思いこんどるようなところがありました。でもそんなことはないんですよね。繋がろうとする先は役場でもええし、商工会でもええし、ＯＢでもええし。電話の1本くらい誰でも入れられるじゃないですか。そこから何か繋がるきっかけを見つけられんか、探したらええじゃなないですか。いまはそう思えるようになりました。例えば進路担当の先生であれば、生徒の就職などで多少は地域と接点を持てるはずです。そこで企画の案内1枚でも作って持って行くだけで、ぜんぜん違うと思いますよ。『高校生と一緒に何かやりませんか!?』『アイデア募集！』でもええし、『こういう人を探しています！』でもええし」。

すなわちこれが、円光の言う「コーディネーター『的な』先生」の姿だ。地域探究学習「大崎上島学」でも、地域住民の力を借りたいときは、教員が自力で適任者を探したり、コーディネーターや公営塾スタッフをうまく介したりして、協力を取り付けてくるのが今や普通の光景になった。

しかし、教員の変容という点で最も大きな収穫は、なんと言っても生徒の捉え方の変化だ。部活や授業などでどれだけ生徒と接していても、その中では不本意ながら「できない子」「やる気のない子」「信頼関係が築けない子」も出てくる。そんな子たちにどう働きかけていくのかが教員の悩みの種であり、なかなか思い通りにいかないことも多い。

ところが仕事図鑑は、そんな生徒たちの意外な側面に気付かせてくれた。インタビューに同行したり、制作をサポートしたりしているうちに「この子は、こんなものの考え方をしていたのか！」「この子には、こんな才能があったのか！」という新たな発見ができたのだ。生徒と共に過ごす時間が増えたことで心の距離が縮まり、接し方や声掛けの質も改善が進んだ。「生徒指導に悩みはつきものですが、仕事図鑑を担当した若い教員たちもいい経験になったし、純粋に楽しかったと思いますよ。僕は仕事図鑑の制作に直接携わる担当ではなかったですから、そうやって間近で生徒の成長や隠された才能を見ることができた彼らが、羨ましいなって思いましたね」と石井。教員も生徒と共に学び、共に成長する環境がそこにはあった。

「帰って来いよ」と言えるように

大崎海星の場合、大林校長のゆるぎない決意によって魅力化PJが動き出し、そこに石井ら中堅・若手の教員たちが集っていった。組織体系的に見れば、いわゆるトップダウンだ。しかし逆のパターンや、それに伴う課題もあるだろう。ボトムアップ形式の、「魅力化をやってみたいけど、うちは管理職教員の腰が重くて……」という悩みだ。

それについて、石井はこう考えている。「実際に、そのケースの悩みを抱える先生から相談を受けたことがありました。そのときアドバイスしたのは、『小さく動かしてみたら？』ということです。『さあ、魅力化をやるぞ！』と息巻いて壮大な計画を立てても、かえって拒否反応を示されるものです。仕事図鑑のような単体のＰＪを、小さく動かすことで始めていくほうがいいと思います。例えば計画書を提出して、管理職があまりいい顔をしなかったとしても、小さなものであれば、ちゃちゃっと勝手にやってしまえばいいんですよ。それでうまくいけば、さらに次へ繋げていけばいいし、ダメだったら『ダメでした』でいいじゃないですか」。

事実、仕事図鑑ＰＪでも小さな壁や失敗は発生した。取材グループを作ってみたものの、性格的におとなしい子ばかりになってしまってインタビューが盛り上がらなかったり、逆に積極的な子がいるとその子に頼りっぱなしになったり。そんな時は、次回の取材から「インタビュー担当」「撮影担当」と、それぞれの個性が当てはまりやすい分担に変えるなど、少しずつ改良を加えていった。小さな失敗と小さな改善を重ねていけばいいだけなのだ。

教員という職業の人は、基本が「まじめ」だ。ルールに則ることや、ものごとに完璧を期すことを大切にしがちである。しかし時に、それが足かせになることもあるはずだ。石井の言うように、もう少し肩の力を抜いてもいいのかもしれない。ＰＪや企画に対しても「楽しそうだから、ちょっと試しにやってみる」、そんな心構えも持ちたいものだ。

石井は、仕事図鑑の次のビジョンを思い描く。「やはり教員としては、もっと普段の教科学習への興味とリンクさせていきたいですね」。例えばインタビューで人の話を聞き、頭の中に浮かんだことをきちんと言葉にして伝えられるスキルは、教科学力に置き換えれば読解力であり表現力だ。すでに大崎海星では、仕事図鑑の本文を生徒自身が執筆する取り組みを「国語表現」の授業とリンクさせ始めているが、そういうスキルを高めたいという欲求・主体性に目覚め、教科学習との関連を見出せた子は、学びの姿勢が変わる。

キャリア教育だとか、地域教育だとか、教科学習だとか、探究だとか、そんな枠を飛び越え、すべてを網羅するような究極の学びへ——仕事図鑑も、魅力化も、もっともっと広げていけるはずだ。石井はそんな未来を夢見ている。

「わたしらの学校、またなくなるんじゃ」。あの日の言葉を、もう二度と繰り返させない。石井は言う。

「僕は、魅力化を『やらなきゃいけない』というより『やりたい』んですよね。魅力化のような継続的ＰＪに関わっていると、『異動があったらどうするんですか？』と聞かれることもありますが、そんなことは二の次でした。とにかく、生徒たちに母校を残してやりたい。その一点です。この先、彼らも社会に出て、悩んだり迷ったり傷ついたりすることでしょう。そんな時に、心のよりどころになるような場所があって欲しい。僕らも胸を張って『いつでも帰って来いよ』と言えるように」。

たとえ恩師がもうそこにいなくても、そこで育った記憶、育てられた記憶は、いつだって心のふるさとだ。

——数年後。大人になった大崎海星高校卒業生。今日は何かのお祝いだろうか。就職の知らせか、それとも結婚の報告か。息を切らせ、懐かしいあの場所へ駆けて行く。母校はいつもそこにあり、彼らを待っている。
さあ、校門はもうすぐだ。

石井 孝明（いしい・たかあき）
１９７６年生まれ、福岡県直方市出身。大林秀則校長と共に魅力化ＰＪを推進した、校内の立役者の一人。最初は「仕方ない」と受け止めていた大崎海星の統廃合案も、大林校長の熱意や生徒への想いから翻意。強い意志で魅力化に関わっていった。仕事図鑑は直接的な担当ではなかったが、若い担当教員らをサポートして回った。柔和な人柄ながら、自分がやると決めたミッションに対しては人一倍のこだわりと責任感を持つ。自分では無趣味という自覚だが、妻からは「仕事が趣味」とからかわれているようだ。

僕の中に起こった最初の「揺れ」

大崎海星高校2016年度卒業
立命館大学産業社会学部4年
白井 晶基

始めは、大崎海星高校魅力化PJも、仕事図鑑PJも、正直ピンときていなかった。「そんなことが本当にできるんか？」と。こういう取り組みはみんな面倒くさがるだけではないだろうかと。僕たち生徒は幼いころからずっと島で一緒に育ってきて、互いの性格や価値観もよく知っているつもりだったからだ。

ところが、いざ始めてみると、それが間違いだったことに驚かされた。学校ではおとなしいタイプだった子も、インタビューでは積極的になって自分からどんどん質問していたのだ。

自分なりにその理由を考えてみたが、純粋に島の大人たちの話がとても面白くて、予想外の刺激にあふれていたからだと思う。僕自身もそうだった。最も驚いたのは「仕事観」だろうか。どの人にインタビューしても、いきいき働いていて、何かしらの目標を持っていたのだ。それまで「仕事とはお金のためにやるもの」「しんどくて辛いもの」だと思っていた僕にとって、大きすぎる衝撃だった。

これはハッキリ言えるが、もし仕事図鑑を経験していなければ、きっとその考えのまま社会に出ていただろう。「働くとは何か」を高校生の時に考えることができ、かつポジティブに捉えることができたのは、とてつもなく大きい。

そしてその経験は、これから社会に出る僕に大きな志を与えてくれた。実は、大学生になって物流業界でアルバイトを始めたが、仕事にしんどさを感じることがあった。社員さんを見ていても、どこか辛そうで。「なぜ今の僕は、この人たちは、仕事が苦しいんだろう」と思うにつれ、こんな現状を変えたいという目標を抱いたのだ。ITの力を使って物流を変え、お客様はもちろん働く人も互いに笑顔になれるような、そんな社会にしたい。就活でもその想いを強く訴え、大手IT企業に内定をいただくことができた。

今思うに、仕事図鑑は僕の中に起こった小さな「揺れ」だった。それは島を出て大学に進み、社会を見ることでどんどん増幅され、大きな波になったのだ。

確かに、最初は小さなさざ波だったかもしれない。しかし、どんなに小さくても最初の「揺れ」が起こらなければ、すべてはゼロのまま、何も変わらなかっただろう。僕にとって、仕事図鑑とはそういう存在である。

COLUMN

生徒の姿が証明する学校の真価

大正大学地域創生学部教授
浦崎　太郎

学校の真価は「どんな生徒が育っているか」によって決まる。そして、実際に生徒が育つかどうかは、教師集団の腹落ち度によって決まる。とりくむ教育活動の意義や内容を理解・納得・共感していれば、教師は感情を込めて生徒に伝えるし、そうでなければ、それなりの伝え方をする。また、生徒は教師の感情を敏感に読みとり、重要な判断材料とするからだ。

例えば校内外での教育プログラムについて「全く同じ内容を伝えたのに、クラス間で応募者数が極端に異なる」ということがある。「腹落ちしている担任のクラスからは群出し、していない担任のクラスからはゼロ」というわけなのだが、教師が生徒の意識や態度に及ぼす影響はかくも大きい。教師が集団として腹落ちしていない限り、教育活動が学校に根づいたり、生徒の姿に表れたりすることなど起こりえないのは自明だろう。

それは、地域との協働についても当てはまる。高校魅力化は、地方創生を機に地元自治体側の都合で始まった例が多く、先進事例の表面的な模倣の域を出ず、「地元のために、高校に～をさせる」という文脈に基づく場合も少なくない。当然、教職員集団が納得するはずはなく、ましてや生徒の姿に還元されることなどありえない。残念ながら、そうした高校が失われるのは時間の問題だ。

その点で海星高校が別格の存在であることは、生徒の姿が証明している。典型例はＳＣＨシンポジウムの会場で多数の参加者を前に「ＳＣＨ西日本を私たちが大崎上島でやります」と宣言し、見事に成し遂げた事実である。ＳＣＨとはスーパーコミュニティハイスクールという造語の頭文字をとったゆるやかなコミュニティだ。年に1度、東北芸術工科大学で行われるシンポジウムでは地域×高校の取り組みについて関心を持つ、高校、行政、大学関係者など官民の多様な主体が集い学び合う。大崎海星高校の生徒たちは、もっと考えたい、交流したいと、半年後に3日間のプログラムを運営してのけた。

これは、生徒と日々最前線で関わる先生方が腹落ちした状態で生徒を地域に送り出し、一人ひとりの挑戦を力強く後押しできたからこその姿にほかならない。撥ねつけるか骨抜きにした方が楽なのに、生徒を深く想い向き合った先生方。先生方に届くよう、学びや実践を深めた魅力化スタッフ。成果が表れるまで生徒を温かく迎えつづけた地域の方々に、心より敬意を表したい。

島の仕事図鑑…第４弾「地域福祉」編

初めての学校間PBL。地域との協働のネックは、実は時間の調整と送迎。数々の問題を乗り越えながら、異なる学校同士の取り組みが一つの形に結実した。国立と県立の壁を超えてインタビューをする同世代からの刺激も受けて共に学び合った。

タイトルだけが決まらない…。

福祉に従事している人を掲載しているから「福祉」というタイトルのはずが、タイトルの頭に「地域」がついている。冊子には福祉に従事する方々の記事と、その間を取り持つように、生涯現役で働く高齢の方々の記事が挟み込まれているからだ。大切にしたかったのは、福祉に従事している若い世代と、生涯現役で働く高齢者との地域での関係性。そこから生まれたタイトルだった。

CHAP.

4

若手教員

島の人々の生き方が、若き新任教員の人生を変えた

島の仕事図鑑 4

広島県・大崎上島

地域福祉

元気な地域。見守る福祉。

長門拓郎は、大崎海星高校が教壇デビューの場となった若き教員。仕事図鑑ＰＪでは大林校長から担当に抜擢され、企画や生徒引率、制作など全般に関わった。地元のサッカークラブに加入するなど、自ら地域に飛び込んでネットワークを構築。新任教員として右も左も分からない中、あまり乗り気でない生徒に対してもあの手この手でお尻を叩き、参加意欲を高めることに貢献。試行錯誤を重ねながら、教員としても一人の人間としても、生徒らと共に成長していった。インタビューに立ち会いながら、自身も地域の人々（仕事図鑑インタビュイー）から学ぶ姿勢を見せ、その経験を自らの次のキャリアへと繋げた。

あれ？　やりたいことが何もない……

新規採用教員として大崎海星高校に着任したルーキー・長門拓郎は、良い意味でどこにでもいる「穏やかで心優しい青年」だ。いや、優しすぎると言っていいかもしれない。少々辛いことがあってもすべて抱え込み、いつも穏やかな笑みを湛えてにこにこしている。他人と争うことも、激しく自己主張することも好まない。自分を傷つけるような相手でさえ、良いところを見出して大切にしようとする。喜怒哀楽の「怒」だけ、どこかに置き忘れてきたのではないかと思わせるほどだ。

もちろんそんな優しさは、簡単に真似できるものではない。長門だからこそ持つ天性の長所だが、時として主体性の欠如という短所ともなり得るし、それは本人も十分自覚していた。「優しさがブレーキになり、殻を破り切れない」、そんなタイプの若者だったと言っていいだろう。

だが、ここは強調しておく必要がある。そんなタイプ「だった」のだ。優しいだけの自分を過去の姿へと変えたのは、まぎれもなくこの島と大崎海星高校で得た経験、出会った人々であった。魅力化ＰＪと仕事図鑑は、島の高校生や地域住民だけでなく、一人の若き教員の人生さえも変えた。

「いやあ～、高校時代から、将来のことってあまり考えてなくて……」とバツが悪そうに頭を掻く長門。

親が教員だったことから漠然と「教員になるのもいいかな」とは思っていたが、決め切るほどではなかった。進学先も担任の先生の勧めに従って、つぶしのききそうな大学・学部を選んだ。しかし、そういう学生も否応なしに自分の内面と向き合わされる時が来る。就活だ。長門もその壁にぶち当たることになった。「あ、あれ？　僕はどうしたいんだ？　やりたいことが何もないぞ……」。社会という広大な草原の真ん中に放り出され、どこに向かって歩き出してもいいのに、どこにも進めない。ただおろおろと、立ち尽くすだけの自分を思い知らされるだけだった。

これには、長門のおおらかな性格の影響もあったが、故郷の環境が無関係だったとは言えない。長崎の田舎町の出身で小中高と進路の選択肢はほとんどなく、自動的に偏差値で輪切りされているイメージ。県立高校はいくつかあったが、「勉強のできる子はここ」「そうでない子はここ」という結論のみが、まるで伝統のようにあらかじめ示されている。長門自身は「勉強できる組」ではあったが、「進路は選ぶもの」だという価値観を持てずに育ったのだ。誰もが疑うことなく、ただ当てがわれたレールに乗せられて、気付いたらその高校にいた。そういう意味では、島の子どもたちと似た境遇で育ったと言えるかもしれない。典型的な教育の地域格差のケースだ。

しかし結果論として、その経験が長門を教育の道へ向かわせた。「就活の時期を迎えてからじゃ遅い。せめて高校時代に、もっと真剣に自分の将来と向き合っておくべきだったなと。『この失敗を後世に伝える』なんて言うと大げさですけど、高校教員になって、子どもたちにその機会を届けられる人間になりたいなって思ったんです」。教員採用決定後の最終面接でも、キャリア教育への強い意欲をストレートにぶつけた。配属先は、まさにそんな教育を必要としていた大崎海星高校。「導かれた」などと言うと非科学的かもしれないが、自分がここに来たのは必然だったし、初任地が大崎海星で良かったと心から思っている。

「大崎海星で良かった」と思えたのは、自分の志との合致もあるが、社会に出て初めて接した「上司」という存在が大林秀則校長だったことも大きい。まあ大林の場合、上司より「ボス」「親分」という表現のほうが似合うが、そんな人柄にこそ惹かれたし、尊敬してやまなかった。長門が大崎海星に着任したのは、2015年。魅力化PJや仕事図鑑PJがスタートした翌年の春。2年目に入ろうとしたころだった。

固定されたコミュニティの中で、役割を演じて

大崎海星の生徒たちと接していて強く感じたのは、「自分に自信を持てない子が多いな」ということだった。それには、島の環境が強く影響していたように思う。大崎上島に限らず、離島・中山間地に育つ子どもたちは、人数が少ないゆえに、そのコミュニティが固定されがちだ。幼稚園から高校まで、ずっと同じ顔ぶれで過ごす。その中では自然と「ポジション」が形成され、活発なリーダータイプはずっとリーダーだし、おとなしいいじられキャラは、ずっといじられキャラのままだ。それが本当の自分かどうかは関係ない。一度割り当てられたポジションは、本人の意思とは無関係にずっとついて回る。そして、それが自分だと思い込み自己肯定感を下げていく。よしんば活発なタイプであっても、部活の試合などで島の外に出ると、急におとなしくなる内弁慶。都市部の高校生に気後れしてしまうらしい。そんな価値観は将来の進路選択やキャリア観においても深く根を張り、自らを過小評価して選択肢を狭めていた。

島暮らしであることや、島の環境が生み出すコミュニティ特性の中で、多くの生徒たちが本来の自分と関係なく「役割」を刷り込まれているように見えた。「優しい長門拓郎」を担ってきた自分と同じ境遇に思えて、胸が痛む。余計に「可能性を開いてあげたい」という気持ちが募った。

高校魅力化の中で都市部からの留学生を迎え入れることは、このような固定されたコミュニティやセルフイメージに、新たな血を入れて活性化するという意味がある。地元の子・都会から来た子が共に学ぶことで

互いが新しい価値観に触れ、パラダイムシフトや創造的破壊をもたらすのだ。課題解決型の地域学習を通じて自由な発想を育むことも、仕事図鑑のように自ら地域へ飛び出していく経験も、「どうせ自分は……」というネガティブな自己評価を壊していく。

もちろん、想定どおりにうまくいくことばかりではない。しかし長門はその目で確かに見た。仕事図鑑の活動を通じて、おとなしかった子が積極的になっていく変化を。自己肯定感を高めていく姿を。自分なりのキャリア観に目覚めていく過程を。

参加の勧誘は、教員が積極的に関わるべし

「魅力化という大きな枠組みの中で、地域と学校をつなぐ軸だったのが仕事図鑑だと思います。高校生のころって、大人と比べて物理的にも視野的にもまだ世界が開けていませんから、どうしても同じ属性の狭い人間関係を作りがちです。同世代の、それも気の合う者同士でいつも一緒にいるイメージですね。逆に、性格的に同世代となじめず、学校に居場所を見出しにくい子もいます。特に地域の小規模校ともなれば、それは大きな問題です。でも、地域の大人たちと関わることでそれが変わります。新しい居場所になるんです。人生のメンターに出会えるとでも言うんでしょうかね。インタビュイーのほうから生徒に、『将来、どうしようと思っとるん?』なんて逆質問が飛ぶことも珍しくなかったですから。子どもたちのキャリア観や地域

に対する意識を育てるという意味でも、サードプレイス（第3の居場所）を見つけるという意味でも、仕事図鑑の教育的意義は非常に高いと感じます。加えて、僕たち教員が地域に入っていくための最初のパスポートのような存在でもあったと感じます。僕はそういう意識で取り組んでいました」と長門。

実際に、長門の語るような効果は着実に顕在化してきていた。仕事図鑑を通じて知らなかった島の大人たちと仲良くなり、その後もなんとなく訪ねてはミカンをもらって帰ってくる子もいれば、中にはその職業に憧れ、同じ道を目指し始める子もいた。人間関係やキャリア観だけではない。人見知りする子が積極的にコミュニケーションを取るようになったり、用意された質問シートを順番通り読むだけだった子がアドリブで質問を入れるようになったり、マインドやスキルの面で大きく成長を見せることも珍しくなかった。

仕事図鑑ＰＪの中で長門が担ったのは、生徒への参加勧誘、取材時の引率と、生徒が撮影してきた写真データの管理、準備期間中のワークショップでのファシリテート、インタビューのロールプレイングなど。島の人（事業所）への協力依頼やお膳立ては、商工会やコーディネーターが行った。デザインや製本も、クリエイターや専門の業者に発注する。これはもちろん大崎海星のケースであり、教員・学校がどの部分を担うべきという決まりはない。ただ、おそらく生徒の勧誘は、教員・学校が担うのが妥当だろうし、長門もここは教員が担うべきだとプライドをのぞかせる。「生徒たちの日々の様子を一番知っているのが教員です。彼らと最も近いところにいて、多くの時間を一緒に過ごしているのは僕たちなのですから」。

一方で、教員が最も苦労するのも、おそらくここだ。「コーディネーターさんが作ってくれたチラシを、ホームルームで配るなどして告知したんです。でも、自発的に「やります！」と言ってくる子はそう多くなくて。生徒たちも初めての経験でイメージが湧いてなかったのもあるでしょうし、『こんなことして何になるん？』という反応で、『それよりも部活をやりたい』って声も多かったですね」。

そこで、いわゆる〝一本釣り〟の形で何人かの生徒に直接声をかけた。もちろん理想は全員がやる気まんまんで参加することだが、いきなりそこを目指す必要はない。いまだって、仕事図鑑制作に参加しているのは毎回10名前後だし、参加してみたものの合わないと感じたのか、フェイドアウトしていく子もいる。できるだけ生徒の主体性を大事にしながら、小さく、少しずつ動かしていけばいいのである。それに、一本釣りされることは、生徒たちにとってそんなに気分の悪いものではない。「面白い取り組みがあるよ。キミに向いてると思うからやってごらん」。自分が選ばれて声をかけられるだけでも嬉しいし、多少なりとも自尊心が満たされるものだからだ。

「都会のように多くの刺激や娯楽に囲まれて暮らしているわけではない島の子たちは、やりたいことがない、情熱の注ぎ先がない、と鬱屈した想いを抱えていることもよくあります。きっかけは暇つぶしでもいいんです。そういう生徒たちにとっても、発散の場、自己表現の場になったように感じます。表現に問題があるかもしれませんが、結果だけ見ると、普段の学校生活に『満たされていない子』ほど、積極的に参加してくれる傾向が強かったかもしれません」と長門。確かに、生徒が学校に満足していないこと自体は、良いことではないかもしれない。しかし見方を変えれば、仕事図鑑がそんな生徒たちに『満たされる場』を新しく創出したと言える。これは意外な発見だった。学校は、教科学習とクラブ活動だけの場ではない。学校が地域に開かれることの新たな意義、別の切り口を示した、嬉しい副産物だった。

また、一度作ってしまえば「完成品」が残る。第2弾・第3弾からは「こんなものを作るんだけど、やってみないか？」と説明しやすくなる。造船・海運業編、農業編など、業種を絞っていったことで、「その業界に興味があるから」という理由で参加してくれる生徒もちらほら現れたし、「卒業後に就職を考えているなら、いい経験になるよ」という立て付けで声掛けすることもできるようになった。

とりあえず動かして、成果を見せる

「最初に仕事図鑑の担当を命じられたときは、正直これよりも、もっと部活の指導に時間を割きたいなあと感じてました。生徒と同じことを思ってたんですよ」と明かして笑う長門。そんな考えが変わったのは、やはり何と言っても生徒自身に変容と成長が見えたからだ。

魅力化にせよ、仕事図鑑にせよ、その他の取り組みにせよ、新しい教育活動を起こしていくとき、批判的意見や懐疑的な見方が出るのはよくあることだ。「そんなことをやって、何か意味があるのか」「効果があるのか」と。こうした人たちに理解を求めたり、巻き込んだりすることに、コーディネーターや担当者はいつも腐心する。

しかし、彼らを納得させるために一番手っ取り早いのは、成果を見せることだ。特に教員は、やはり本質のところで子どもたちへの想いがある。子どもたちのことが好きだし、彼らのためを思うからこそ、批判もするのだ。そうした中で、もし子どもたちがいきいきとそれに取り組み、成長した姿を見せてくれれば、考え方も軟化する。実際に、長門自身がそうだった。場合によっては姿勢が180度転換し、批判の急先鋒だった人が強力な味方に変わる事例だって珍しくないのだ。

当然、やる前から成果など分からない。効果があることを示すデータもない。うまくいくかいかないか、成果があるかないか、賛成意見、反対意見……どこまでいってもすべて机上論でしかないのだから、結局はやって示すしかないのだ。失敗したって、大きく失うものなどない。何をそんなに恐れる必要があろうか。とにかく、やってみればいいのである。これは、すべての魅力化活動において共通した真理だ。

第1弾を作ったときには、正直なところ、ほとんど大人がお膳立てしていた。しかし第2弾・第3弾と回を重ねるごとに生徒たちへ主導権を委譲し、自分で質問を考えるなど、活躍の場を増やしていった。取釜や円光らコーディネーターと協力して、彼らの人脈や島に住むクリエイターらを巻き込み、よい質問を生み出すためのワークショップを主催したり、プロカメラマンの指導を受けるなどした。また、制作時間の兼ね合いから、原則として取材内容を記事に起こすのは生徒の担当ではなかったが、国語表現の授業と連動して文章術を学び、一部を自分たちで制作する新たな授業実践も生まれた。第4弾からは、同じく島にある広島商船高専の生徒らも巻き込んで、合同PJへと裾野を広げていった。そうやって少しずつ発展させ、その中で生徒たち自身も着実に成長を遂げてきたのだ。

反省点やこれからの発展性も見えた。「慣れてきたら、もっと生徒に委ねてもいいのかなって。例えば取材のスケジューリングとか、アポ取りとか。仕事図鑑が持つ教育的目標を、もっと生徒に腹落ちさせることも大事だと思います。なんで仕事図鑑をやるのか、というそもそも論ですね。ルーブリック評価などを用いて、成長や到達点を可視化するのもいいかもしれません」と長門。

大崎海星の仕事図鑑は、もともと商工会が主導したＰＪでそこに後から高校が加わるという、ある意味で特殊な事例だった。それを結び付けるコーディネーターがいたから実現したとも言える。では、コーディネーターがいない、どこから手を付けていいかも分からないという学校が、自分たちの主導で地域連携ＰＪに取り組みたい場合はどうすればいいだろうか。これはコーディネーターの円光歩も同じ指摘をしているが、長門はそのポイントを「一人でやろうとせず、まず味方や仲間を探す」ことだと言う。言い方を変えると、教員自身が地域に入るということだ。地域の中に自分のコミュニティを作るのである。長門自身も、地域のサッカークラブに所属して交流を深めていた。こうすると、新しい企画も地域に理解されやすいし、地域住民のネットワークを通じて情報を拡散したり、フィードバックを受けたりしやすくなる。やはり、学校側から地域に飛び込んでいく気持ちが大事なのだろう。

究極の自己承認

一方、生徒たちとキャリアや将来の話をしているうちに、「じゃあ、自分はどうなんだと思うようになっていたんですよ」と長門。仕事図鑑以外の場所でも、さまざまなフレームワークを用いて生徒たちの自己分析やメタ認知と向き合いつつ、同時に自らも心の奥底に眠る「熱」と対話を深めていったのだ。そこで長門は、言語化できない「不愉快な何か」と出会う。不愉快なのだが、それが何なのか分からない。自問自答が続いたが、結果としてその答えをもたらしたのは他でもない、仕事図鑑とそこで出会った島の人々だった。

時に、教員の世界観や視野は閉鎖的で固定的だと言われる。仕事が学校の中だけで完結しがちで、外の社会との接点を持ちにくいからかもしれない。もしそこに、地域や地域の人々と接点を生み出す機会があればどうだろうか。その価値観に触れることができたらどうだろうか。仕事図鑑は、生徒のみならず教員にもそのチャンスを開いていたのだ。

「いま思えばもう、めちゃめちゃ影響ありましたよ！」と長門は言う。仕事図鑑で出会った人々は、移住してきた人、Uターンしてきた人、事業を興した人、家業を継いだ人、信念とプライドを持って仕事に取り組む人などさまざまだったが、誰もが、いまの長門にないものを持っているような気がした。きらきらと輝いて、まぶしく映った。背景や想いは異なっても、彼らはみな自らの意思で選択した「自分の人生」を生きていたのだ。彼らの矜持は、生徒たちのインタビューに付き添って、話を聞いていればすぐに分かった。他者からの承認を求めたり、それを行動原理にしたりすることもない。自分の中から突き上げる内なる声に正面から向き合い、その〝野生〟が赴くまま正直に生きていた。

彼らの人生観に共通していたのは、自分で考え、自分で決断した働き方・生き方をしていたということだ。誰かに怒られるからとか、褒められるからとか、普通はこうだからとか、そんなことはあまり判断基準にしない。ただ、自分の信じた道を行く。どうなるかなんて分からないけど、どんな結果も受け入れられる。だって、自分で決めたことなのだから。

「自分で自分を、『究極に承認』している人たちだと感じました」と長門。羨ましかった。純粋に、心から憧れた。まさしく生徒たちに期待した刺激や感動、変化を、長門も一緒に追体験していたのだ。もしかすると、他でもない自分が最も強く影響を受けたかもしれないとさえ感じる。

思えば、公営塾スタッフや寮のハウスマスターら、地域おこし協力隊としてこの島にやってきた魅力化の仲間たちもそうだ。彼らは3年という有期雇用であるうえ、将来の保証なんてない。しかも正直、薄給だ。それでも、彼らは高校魅力化というムーブメントに「自分の置き場所」を見出し、見ず知らずの離島に飛び込んできた。自分で決めて、そうしたのだ。

主体性なく、流されるように生きてきた子どものころの自分。大人になっても何かを大きく決断することのなかった自分。「究極の自己承認」の中で生きている彼らと比べて、己がひどくちっぽけな存在に思えた。彼らのそんな生き方が、自分の本心に問いかけているように感じた。「お前は、本当にそれでいいのか?」。

その先にあった物語の中で、「必然」が辿り着いた場所

「僕が教員としてやりたいのは、生徒に夢を見せること、自分自身の可能性に気付かせること。それは間違いないし、仕事図鑑や魅力化、日々の教育活動の中でも実践できていた自負はあるんです。なのにどこか、もやもや感が残ってたんですよね」。

たぶん、あの人たちのように、自分で自分の人生をデザインしながら生きてみたいのだということは分かる。そうは思うものの、具体的にどんなことに挑戦したいのかが形になっていなかった。いまの自分を包む、殻の外にある世界を見てみたい。でも肝心の何を見たいのかが分からず、思いだけが先走る。ひたすらアクセルを踏み込むものの、ギアがニュートラルのままだから少しも前に進まない、そんなフラストレーションを抱いていた。

一方で、優柔不断で安定志向な自分も顔をのぞかせる。「やめとけよ」と囁《ささや》く。険しい山もなければ、深い谷もない。心の底から震えるような感動もないかわりに、激しい挫折やリスクもない。何が不満なんだ、そんな人生もいいじゃないか——。

そんな迷いと模索の中で出会ったのが、教育者の樋栄《ひえ》ひかる氏と、彼女が掲げる「Ｙｅｓ，Ａｎｄ」という理念だ。その短く印象的な旗じるしに、自分の中で何かが通電した。諦めかけていた探しものが、引き出しの奥から見つかるような感覚。「これ……かも？ これかもしれない！」。

「『Ｙｅｓ，Ａｎｄ』とは、子どもたちの声を『受け止め（Ｙｅｓ）、発展させる（Ａｎｄ）』ことで、新しい価値が生まれるという教育思想なんです。根底にあるのは『承認』と『自分で選択する』という考えですね」と力強く説明する長門。いかにこの理念に惚れ込んでいるかが伝わってくる。誰の評価も気にすることはない、自分の価値は自分で決める。まさに、仕事図鑑で出会った人々の生き方だ。長門が踏み切れなかった最後の境界線の向こうにあった世界である。かつて、人の顔色をうかがって「優しい長門拓郎」という虚像に自らを当てはめようとしていた自分、自信が持てず可能性に蓋をし続け「できない自分」に安住しようとする子どもたちの姿もかぶり、いてもたってもいられなくなった。

日々の業務と両立しながら樋栄氏のワークショップや講座を1年間受講し、彼女に師事した。大林校長とはまた違う、教育界の師だった。時を同じくして、京都市にある私立大学が通信制の附属高校を設立、その初代校長に樋栄氏が就任することが決定。「理念を共有する彼女と一緒に、理想の教育を追求してみたい」、そんな意欲が沸き上がっていた。

生徒に「自分らしく生きる」ことの大切さを伝えたいと願いながら、これまでの僕はそれができていたのか。生徒に自由な自分らしい生き方を伝えたいなら、仕事図鑑で出会った島の人々のように、まず僕がそんな生き方を垂範すべきじゃないのか。あの「不愉快な何か」の正体は、「自分を生きていない不自由さ」だった。それに気付いた以上、もう僕はここに留まっていてはいけない。いまこそ自分を、長門拓郎を生きるときだ。

長門のケースに限らず、魅力化において「地域の大人たちが先生になる」とはまさにこういうことだ。学校が地域に開かれていけば、生徒と魅力ある大人たちとの邂逅を生み出す赤い糸となる。そしてそれは、「その地域、その学校でしか学べない強み」となり、ますます高校は魅力化する……全国の高校魅力化ムーブメントの中でも繰り返し述べられてきた仮説だが、その仮説が正しかったこと、意義あるものであったことを、教員である長門自身が自らの進化をもって証明して見せたのだ。

もちろん、大崎海星での日々は素晴らしいものだったし、魅力化にも大きなやりがいを感じていた。でも、それ以上にやりたいことを見つけたのだ。加えて、公立高校で働いている以上、異動はつきものである。広島県立高校における新任者の配属先の通例で、自分が大崎海星にいられるのはあと1年だと分かっていた。次の任地がどこになるか、自分のやりたい教育に携われるかなど分からないし、そんな決定権など自分にはない。それに、何よりその決定権のなさが、人生の決定権のなさと重なって見えた。いまの長門にとって、これでは「自分を生きる」ことにならないのだ。

これまでの自分なら、疑うことなくその流れに乗っていただろう。しかしいまの長門は、どこでどんな働き方をするか自分で決める強さを持っている。いや、本当は幼いころから、自分で決める権利はずっと目の前にあったのだ。決められなかったのではない、決めなかっただけである。それが、あの人たちの教えてくれたことだ。見失った「人生の決定権」を照らし出してくれたのは、間違いなくこの島と仕事図鑑だった。

詩人・茨木のり子は言った。「自分の感受性くらい 自分で守れ ばかものよ」——優しいだけが取り柄で決断力のない長門拓郎はもういない。長門は、島を去る決意を固めた。

最初は、自らの過去や経験が活きる環境として、大崎海星に赴任したことは必然だと思っていた。それは間違いではなかったが、物語には続きがあった。この旅立ちこそ、魅力化や仕事図鑑を経て辿り着くべき本当の必然だったのだ。公立校教員という安定した立場を捨てることに、反対する者も少なくなかった。しかし、それと同じくらい、諸手を挙げて喜び、背中を押してくれる人たちもたくさんいた。それが島で出会った魅力化の仲間たちであったこともまた、不思議な必然性であったに違いない。

長門　拓郎（ながと・たくろう）

１９９０年生まれ、長崎県長崎市出身。京都芸術大学附属高等学校・英語科教諭。大学院修了後、新規採用教員として初めて赴任した先が、魅力化プロジェクトをスタートさせた直後の大崎海星高校だった。魅力化どころか、教員としてもこれからという状況にあって、大林秀則校長らの熱意ある姿勢に大きな薫陶を受ける。その学びはやがて、仕事図鑑とそこに関わった地域の人々、生徒たちというトリガーを経て、自らの生き方を問う一大決心へと繋がっていく。趣味はサッカー、スポーツ観戦、革製品を磨くこと。

漁師さんって、ここまでやるのか！

大崎海星高校2年
藤田 倫太朗

僕は中学生のころから、割と「何でもとりあえずやってみよう」と考えるタイプでした。そういう僕を見越してか「それが発揮できる取り組みがいっぱいあるよ。キミは絶対に大崎海星へ行くべきじゃ！」って薦めてくれる大人もいて。その一つがこの仕事図鑑だったわけですが、いま思えばそのとおりでした。

驚いたのは「大人たちって、ここまで深く考えて自分の仕事と向き合っていたのか！」ということ。僕は釣りが大好きで、それもあって漁師さんのところへ取材に行ったんですが、もう感動しました！とにかく日々研究を重ねて、「いいものを提供したい」という強いこだわりがあって。例えば、島のマルシェイベントに参加して「この魚はこんなふうに調理したらいい」ってアドバイスしたり、食べやすい状況に加工して提供したり。消費者の方にもっと魚を好きになってもらえるには、もっと興味を持ってもらえるには、って常に考えてるんです。

それまで僕は、漁師の仕事は魚を獲って市場へ卸すことだけだと考えていました。僕も釣りが好きだから、毎日魚を獲って楽しそうだなあ、と。でも、考え方が甘かったですね。いや、漁師の厳しさを知って反省したと言うより、将来どんな職業に就いても、僕もそういう姿勢で働きたいと思うようになったんです。

苦労したのはインタビュー。人と話すのは好きでしたが、どう質問をすれば話が盛り上がるかきちんと準備ができていなくて。最初は先生たちに指示されたことを聞いているだけ、という感じだったんです。そこが切り替わったのは、やっぱり「意欲」「興味」だと思います。話を聞いているうちに、自分が「知りたい」と思ったから。それが大きいです。

あれ以来、「はたらく大人」への敬意や興味がとても強くなって、日常生活の中でもそれが出てくるようにもなりました。例えば、ある時たまたま知り合ったおじさんがいました。ちょっと話を聞いてみると、不動産業を営む社長さんだとおっしゃいます。もうそこからは、仕事図鑑番外編・即席インタビュー！どうして不動産屋さんを始めたのか、どんなところにやりがいがあるのか、もう興味津々でむちゃくちゃ聞きまくりました（笑）。おじさんが自分から語ったわけではなく、僕が知りたくて自分で聞いたんです。

将来、どんな道に進むかはまだ決めていませんが、僕も漁師さんや不動産屋さんたちのように、自分の仕事に誇りを持っていきいきと働きたい。早く社会に出たいな、ってうずうずしています。

COLUMN

インタビューという学び方

「インタビュー」を学びの手法に用いている高校が増えてきた。広島県立大崎海星高校もその一つだ。島の大人にインタビューし、『島の仕事図鑑』を作っているらしい。印刷され製本された冊子は、なかなかの出来栄えだ。

インタビューは、一見するとただ聞くだけの行為のように思われるかもしれない。しかし、実際にやってみるとかなり複雑なコミュニケーションの組み合わせであることがわかる。「きく」という行為だけでも四つはある。①相手の言葉に耳を傾け、しっかり聞いていることを体で表現する「じっくり聞く」、②なるほど、へぇ〜、いいですね!といった相槌を使いながら聞く「共感して聞く」、③5W1Hを駆使しながら話の相手の思いや本質を深掘っていく「質問して聞く」、④事実確認をしたり相手の思いを端的に表現するための「要約して聞く」。これら「四つの聞く」を巧みに組み合わせて行うのが、インタビューなのである。よいインタビューは、聞く過程で信頼構築をし、普段では言わないような心の内を話してもらったり、本人でさえ気づいていなかった気持ちを顕にしたりすることも可能だ。さらには、インタビュー依頼の際には「自分は何のために、何を聞きたいのか」を明確にするために、自己との対話が必要だろうし、インタビュー後は、聞いた話を第三者に「表現」して「伝える」のだから、これはもうコミュニケーション訓練のフルコースなのである。

コミュニケーションとは、決して明るく元気に誰でも仲良しになることではない。相手の気持ちを「絶対的に正しく」理解することはできない人間だからこそ、精一杯「わかろうとする」「伝えようとする」ことが、コミュニケーションである。相手の立場から物事を見ようとせず、自分さえよければいいという個人主義が、あらゆる場面で分断を生み出している。そんな今だからこそ、相手を理解しようとし、そして伝える、を訓練することは、意義あることなのではないだろうか。おおげさに言えば、民主主義を支える最も重要なスキルとも言えるだろう。

インタビューとは、inter=互いのなかに、view=見るが語源である。相手を通して見える故郷の姿や働くことの意味、人生の機微は、これから世の中に出ていく高校生にとっては、まさに航海図の座標になるだろう。小さな冊子が生まれるそのプロセスに、今こそ伝えたい、人として生きる上での大切な学びがちりばめられていると思う。

東北芸術工科大学
コミュニティデザイン学科長
岡崎 エミ

島の仕事図鑑…第５弾「学びの島」編

教科学習との接続が始まった。放課後の実践が総合と結びつき、そして、総合を起点として教科との往還の始まりである。国語と連動することで、総合の“学び”が教科の“学び”と接続して、教科に前向きに取り組む生徒が増えた。

夢叶う

冊子のタイトルには「トンボ」と呼ばれる印刷工程で大切な印がデザインとして配置されている。情報伝達の媒体が電子化されていくなかで、島の仕事図鑑は最後まで「印刷」媒体であった。冊子を手に取ることで生まれるコミュニケーションを大切にしていたからである。表紙には、第１弾から制作コーディネーターが発案しては採用が見送られてきた、島の最高峰「神峰山」からの眺望がついに表紙を飾る。制作初期の頃から、いつかは「学び」をテーマにしたいと願いながら継続し、登り詰めた最高峰。それを達成した瞬間を表現した。表紙と裏表紙には隠れたメッセージ。

CHAP.

5

地元住民

高校は地域に開かれ、住民が高校に目を向け始めた

Uターン者として、家業の造船業に従事する元樋《もとひ》泰次郎。商工会の青年部部長でもある。仕事図鑑PJ第2弾「造船・海運業編」にインタビュイーとして協力、高校生たちにその熱い想いを語った。仕事図鑑がきっかけとなり、これまで知らなかった島の高校生たちの姿や、他の住民たちの仕事観に触れ、大きな意義を見出す。「学校が地域に歩み寄ろうとしている今こそ、自分たちも一緒に、島や島の子どもたちのためになることをしたい」と、自らも積極的に学校に関わるように。商工会主催でインターンシップを企画するなど、地域側からの働きかけも増やしていった。大崎海星高校を「未来への期待」だと表現し、全力で応援する地域住民の一人。

「外の世界」への憧れ

島の若者は〝外の世界〟に憧れる。島にはコンビニもない、大型ショッピングセンターもない。レジャーと言えば釣りか、家でゲームをするかアニメを見るかくらいだ。若者の旺盛な好奇心を満たすような刺激は、都市部に比べるとやはり少ない。中には島に「閉じ込められている」と感じる者もいるだろう。そんな彼らにとって、この呪縛から抜け出す最初のチャンスが高校進学だ。本土の高校に通うのである。

もちろん、島での暮らしがイヤで仕方ないと言う者ばかりではない。島のことは好きでも、単に新しい何か、島では得られない何か、これまでの自分の人生に存在しなかった何かに憧れるのだ。その純一無雑な若者のエネルギーを誰が否定できるだろう。未知なるものへの憧れや、それを掴もうとする熱量は、むしろ褒められるべきものだ。その渇きこそ、若者の特権と言っていい。

元樋泰次郎（34）もそうした渇きを持った若者の一人だった。「単純に、外の学校に行ってみたいという気持ちでした。僕の通った本土の私立高校は全校生徒が1200人くらいいて。『人がたくさんいる環境』に身を置いてみたかったんです。正直なところ、高校受験を迎えたときの僕に、大崎海星へ進むという発想はまったくなかったんですよね」と、少し申し訳なさそうに語る。大崎海星高校がイヤだと言うより、とにかく島の外へ出てみたかったのだ。

ただ、当時の同級生たちの間では、大崎海星に対する印象は決して良いものではなかった。「風紀が乱れている」「勉強が得意でなかったり、ちょっとヤンチャだったりする生徒が行くところ」という印象は拭えなかったと言う。元樋自身はそれが島外の高校へ進んだ理由ではなかったが、「あの子たちが行くような高校には行きたくない」と考える生徒がいても無理はない。それは、親たちも同様だ。とりあえず通える高校は存在するという、セーフティネットのような位置付け。「大崎海星にしか行けない生徒」「高校などどこでもいいと思っている生徒」が多く集まる学校であって、わざわざ選んでまで「行きたい」対象ではなかったのだ。

　これは大崎海星に限らず、僻地の高校が衰退していくとき陥りがちなパターンかもしれない。地域の住民が減り、高校の生徒数が減る。生徒数が減ると予算が限られ、充実した教育体制が作りにくい。すると、多少なりとも教育の質を重視する保護者や、学習意欲のある子どもたちは、希望が叶う環境を求めて都市部の学校へ通う。残るのは「そこにしか通えない層」「教育に関心が薄い層」「高校生活に期待を抱いていない層」になりがちで、住民の認知もそのように形成されていく。もちろん、そうしたカテゴリーの人々が悪いのではない。彼らの学習意欲や価値観を変えていくこと自体もまた、教育に課せられた重要な意義だ。しかし、教育関係者ならいざ知らず、教育の受益者である一般住民がそこまで意識することは難しい。自分たちは教育を受け取る側であり、作る側ではないのだから。理想的な教育環境が島の外にあるならば、それを選ぶ権利が彼らにはある。結果として、意欲のある層はますます足が遠のき、負のスパイラルに陥るというロジックだが、この「受益」に対する考え方については、後述にてもう少し詳しく触れてみたい。

　また、「高校魅力化」を語る際、時として「高校の存続」というキーワードやスローガンが躍ることがある。特に間違ったことは言っていないように見えるが、この発想は少し注意したい。「存続」を目指していると、「存続」自体が目的になってしまうからだ。たとえ存続しても、通いたい・通わせたいと思える高校でなければ意味がない。目指すべきは、あくまで「魅力化」である。魅力化の結果として存続するのであって、存続しさえすれば良いというものでもないのだ。ここを履き違えて存続のみを目指すのは、問題の先送りに過ぎない。たとえ今は存続しても、近い将来、必ず同じ問題にぶち当たる。いや、同じ問題ならまだましだろう。ツケには、利息が付き物なのだから。対症療法による延命措置ではなく、根治療法によって学校そのものの生命力を蘇らせる抜本的な発想が必要なのだ。いつかではなく、いまやるのだ。魅力化とは、そういうことだ。

「地域に育てられた」という記憶はあるか

高校を卒業後した元樋は、大阪の大学へ進んだ。都会への憧れもあったし、幼いころから大好きだった、お笑いの聖地で暮らしてみたかったからだ。在学中は学業よりもアルバイトに明け暮れる日々で、良い悪いはさておき、ある意味で健全な、若者らしい若者だったと言えよう。ただ、漠然と「将来は島に帰るんだろうな」という想いはあった。そこには「祭」の思い出が影響している。

大崎上島には、櫂伝馬《かいでんま》という手漕ぎ船の文化が脈々と引き継がれている。祭では、地区ごとにチームとなってその速さを競うのだが、これが生み出す結束は非常に固い。祭が近づくにつれ互いにライバル心をむき出しにし、本番に至っては「殺気立っている」と称する者もいるほどだ。もちろん祭が終わればノーサイド。豪快に酒を酌み交わし、笑顔で来年の健闘を誓い合う。島にいた当時はあまりそうした繋がりを意識したことはなかったが、大阪で暮らした町は、巨大な地車を曳く「だんじり祭」が有名な地域で、そこにもまた祭を介した強い地域の繋がりがあった。「どこに暮らしていても、地域や地域の人との繋がりってええのう、大事じゃのうって、改めて思い知らされましたね」と元樋。憧れを抱いて飛び出した都会で、島の良さを再確認したのだ。

祭に限らず、住民同士の繋がりの濃さは地域ならではの強みだ。それは子どもに対しても同様である。血縁に関係なく、時に見守り、時に叱り。地域が一体となって子どもを育てていく文化があり、元樋もまた、そうした愛情に包まれて育った。近所のおばちゃんの家に上がり込んで遊ぶことなんてしょっちゅうだったし、気付けば我が子もそんなふうに育っていたと頬をゆるませる元樋。

人を育てることを教育と呼ぶのなら、こうした地域ならではの繋がりは本来、教育と非常に親和性が高いものだったはずだ。なのに、なぜ地域と学校の間に境界線を引いてしまったのだろう。なぜ互いに「ここから先は入ってこないで」という棲み分けをしてしまったのだろう。なぜもっと早く「地域と共にある学校」という発想に考えが行きつかなかったのだろう。いつしか私たちは、社会教育と学校教育を完全な別物のように考えていたのかもしれない。しかし逆を言えば、学校が地域と繋がることで、「教育」はすさまじい推進力を得るとも考えられる。事実として、仕事図鑑はそのきっかけとなったのだ。

また、高校魅力化を推し進める多くの町で、その目標の一つに、地域に資する「グローカル人材」の育成を掲げている。もちろんすべての若者がグローカルな地域人材になるわけではないし、そうなることを強いる必要もない。こちらは、あくまでそうなれる選択肢と機会だけ用意して、判断は子どもたちに委ねればいいのだ。ただ、生まれ育った地域に帰ってきたい、あるいは地域に対して何か貢献したいと思える人と、そうでない人の違いがどこから生まれるかと問われれば、「地域に育てられた記憶」の有無だとは言えるだろう。元樋を含め、仕事図鑑や魅力化に関わった人々は、十人十色にその記憶を持っている。形は違えど、それぞれに地域と自分を結び付ける物語を持っている。元樋の場合は、それが祭や近所のおばちゃんだったのだ。

フィールドワークやキャリア教育、地域学習、探究学習という手段がグローカル人材を育てるのではない。そもそも、それだけなら都市部の高校でも可能だ。その教育行為を通じて、地域や地域に暮らす人々から何かを学ぶ経験ができること、自らの軸をなす価値観に影響を受けること。それが、地域への愛着やグローカル人材としての種になるのだろう。

もう一つ、元樋が島に帰った大きな理由がある。家業で造船業を営んでいたことだ。それまで明確に「継ぐ」を意識したことはなく、一応は就職活動もしたが、結局、大学卒業と同時に島へ帰ってきて、実家が営む会社に入社した。島へ帰るにあたり、特に重大な使命感を背負っていたわけではない。大きな夢を抱いていたわけでも、逆に仕方なく帰って来たわけでもない。「また仲間と祭に参加できるなっていう楽しみくらいでしたかね」と笑うが、やはりそれも「地域に育てられた記憶」だ。ただ、少し客観的に考えれば、あの時の父の言葉も響いたように思う。元樋には2歳離れた兄がおり、二人が社会人になろうかというころ、自然と「誰が家業を継ぐのか」という話になった。そのとき父は、何かを諦めたかのような、あるいはまるで他人事かのような口調で「誰でもええわい」と口にしたのだ。

そう言った父の真意は分からない。かつての海賊文化の名残のような、無骨な粗っぽさかもしれない。高度成長期も、バブル崩壊も、その後の不況も、腕一本で生き抜いてきた昭和の男らしい不器用さもあったのかもしれない。自らの口で、多くを語ろうとするタイプではなかった。しかし、継いで欲しいという想いや一抹の寂しさはあったのだろう。少なくとも、元樋はそう感じ取っていた。そして、楽しかった都会暮らしに終止符を打った。兄もまた、同じ道を選んだ。現在は工場長という立場の元樋だが、マネージャー的な仕事だけでなく、一人の職人としても活躍中だ。

自分にも話を聞きに来て欲しい

元樋が仕事図鑑の存在を知ったのは、第1弾が発行された後だ。「『仕事図鑑』とかいう冊子を作ったたって話だけは聞いとりました。最初は『へえ、そうなんか』というくらいの印象で、パラパラと目を通すくらいのことはしとったんです。まあ、顔見知りの人が出とるけん、茶化し半分、面白おかしく見る感じで。でも、第2弾で『造船・海運業』編を作るって聞いたときにはもう、『ぜひうちに話を聞きに来て欲しい！』と思っとりましたね」と明かす。

この心境の変化は何だろうか。「それは、やっぱりねえ……！」。元樋は待ってましたと言わんばかりに、口元に笑みを浮かべた。そして、ゆっくり言葉を噛みしめるようにこう続ける。「僕は商工会の青年部に所属こそしとりましたが、他のメンバーがそれぞれの事業に対してどんな考え方をしとるんか知らんかった。お互いそのことを真剣に語り合う機会も発想もなかった。でも、第1弾の仕事図鑑を読んで、みんなの秘められた想いがすごく分かった気がしたんです。『……はぁ〜！　ええこと言うとるのう！』『なんと素晴らしい仕事観じゃ！』って、すごく刺激を受けてね。モチベーションになるというか、負けとられんなって思うんですよ、お互いに。それで自分も『僕はこんなふうに仕事に向き合っとって、こんなことを目指しとって……』ってぜひ知ってもらいたいと思うて。もちろん島で働く人たちだけじゃのうて、高校生たちにも分かってもらえるし」。

「製造業って、チームワークじゃと思うんですよ」。それが、元樋が伝えたかった仕事へのプライドだ。何かを作る作業そのものも楽しいが、いいチームワークを形成して、作業全体がスムーズに進む流れを生み出せた時に、何よりの達成感を覚えると言う。島の祭（櫂伝馬）にも強いチームワークが欠かせないが、それが仕事への価値観にも表れているのかもしれない。インタビューにやって来た高校生たちにも、そんな話を語った。

造船業のやりがいと聞いて、モノを作る作業そのものの楽しさを想像していた生徒は多かったろうが、時にこうした意外な答えも返ってくる。生徒にとっては新しい気付きであり、刺激であり、島の仕事に対する魅力の発見だ。この経験もまた、「地域に育てられた記憶」になっていくに違いない。

高校生たちが自分の話を聞きに来てくれること自体も、純粋に嬉しかったと言う元樋。確かに、最初は少し不安もあった。生徒はどうせやらされているだけで、やる気なんかないんじゃないのか。まじめに自分の話を聞いてくれるのか。しかしそれは、完全に間違った先入観だった。インタビュー慣れしてない子どもたちが、一生懸命工夫しながら質問してくれる姿が、初々しくて可愛い。住民同士の繋がりが深い島の暮らしとは言え、人口7千人規模の町だ。祭に参加する子は知っていても、そうでない子まではさすがに接点がない。現在の大崎海星に、こんなすてきな子どもたちがいるなんて思いもしなかった。

それはつまり、祭以外の繋がりを地域に生み出したということだ。地域住民同士の新たな繋がりでもあるし、もちろん地域と学校との繋がりでもある。実際に元樋も、仕事図鑑というきっかけに出会うまでは、大崎海星高校にも生徒たちにも興味はなかった。良いも悪いもない。とにかく、なんの印象も抱いていなかったのだ。人生や生活の中に、大崎海星高校は存在していないも同然だった。「でも、なんか変わってきたんですよ。仕事図鑑もそうじゃし、『旅する櫂伝馬』みたいな伝統行事の存続活動もそう。『大崎上島学』みたいな、地域を学ぶ授業もそうかもしれません。学校が地域に目を向けてくれだして、僕らも高校が気になり始めたって言うか。じゃったらこっちも、『島にはまだこんな魅力もあるよ』とか、『こんなことをやってみたら?』とか、提案してみようかって気持ちになりますよね」と元樋。そして続けざまに、ある重要な一言を口にした。「要するに、応援しとうなるんです」。

「僕ら島のモンも動き出さにゃいけん！」

「応援したい」——地域住民の口からこの言葉が出るのは、極めて意義深い転換点だ。いかに高校が魅力化を頑張っていようとも、住民がその動きを知っていようとも、それだけでは高校が地域に開かれたとは言えない。しかし「応援したい」というのは、ひとえに高校の存在が、住民にとって〝身内〟と見なされたことを意味する。島や、島に暮らす自分たちという、共同体の一部として認められた瞬間だった。

これは学校が、生徒が、自ら地域に踏み出していった成果に他ならない。人間同士の信頼関係とまったく同じ構図だ。「高校を応援してください、もっと高校のことを知ってください」。いくらそう声を張り上げたところで、いったいどれだけの住民が耳を傾けるだろう。冷たい言い方をすれば、そんな義理も縁もないのだから。応援する理由がないのだ。しかし、学校が先に「もっと地域や住民のことを知りたい。一緒に何かやりたい」という姿勢であればどうだろうか。人は、自分に好意や興味を持ってくれる相手には、同じく好意や興味を抱くものだ。それは、十分に「応援する理由」たり得る。順番を間違えてはならない。地域の応援を得たければ、学校も地域を応援する気持ちを持たねばならないということだろう。「あなたのことがもっと知りたいの」——仕事図鑑は学校から地域へのラブコールであり、メッセンジャーだった。

元樋はさらにこう続ける。「いましかないと思うんですよ。これだけ少子化や人口減少が進んで、島もその例外じゃない。高校が地域に目を向けて頑張ってくれとるいまこそ、島が活気を取り戻すチャンスじゃ思うんです。僕ら島のモンも動き出さにゃいけんのじゃないんかって、背中を押してくれとるような気がしました。だいたい僕らの島のことなのに、学校や高校生だけに任せっぱなしでええわけがない。この勢いに乗っかるじゃないけど、いまやらんかったら、もういつやるんじゃって」。

小さな軋みをあげて動き出した愛郷心の歯車は、さらにボリュームとテンポを上げ、ゴウンゴウンと心地よい地鳴りを響かせる。インターンシップを行ったり、島の魅力を学ぶ機会を提供したり、今度は商工会青年部から地域の子どもたちに対して働きかけを始めたのだ。大崎海星高校だけでなく、広島商船高専、新設の県立中高一貫校・広島叡智学園ら島の他の学校を巻き込んで、島を舞台に垣根のない教育の架け橋を広げようとしている。学校から頼まれたからではない。商工会青年部が学校に働きかけて実施したのだ。学校は地域のために、地域は学校のために。島は、変わり始めた。それはこの町が、高田町長の目指した「教育の島」へと変貌を始めた瞬間だったと言っていいだろう。

未来への期待

先述した中で、住民たちを教育の「受益者」と表現した。受益者とは、受け取る側の存在である。ビジネス的な視点で言えば、サービスを与えてもらう立場だ。しかし、魅力化と仕事図鑑は、受益者である彼らを「当事者」に変えた。一方的に与えてもらうだけなく、自らも教育を生み出し、届ける側に回ったのだ。このベクトル転換は非常に大きい。

教育はビジネスではない。サービスの提供者がいて受益者がいるというだけの単純な「取引」ではないのだ。確かに、教育を費用対効果やエビデンス主義で考える発想もあるし、もちろんそのような分析も必要である。ただ、これが行き過ぎてしまうことがある。生徒や保護者が、自らを「お客様」だと思ってしまうのだ。今日のモンスターペアレントの問題は、それが一因だという説もある。

しかし、保護者（地域の人々）が教育の当事者となればどうか。その認識も変わってくるはずだ。ただクレームをつけるだけのお客様から、仲間へと変わっていく。たとえ苦言を呈することがあっても、それは単に利己的な不平不満をこぼしているのとは明らかに異なる。子どもたちにより良い教育を届けたいからこそだし、当事者として対案も示す。仕事図鑑のように、あるいは商工会青年部が興した活動のように、時には自ら教育者の立場にもなる。すなわちこれが地域型教育の理想形の一つ、「地域に暮らすすべての大人たちが、先生となる」瞬間である。仕事図鑑は、そのスイッチとなったのだ。「先生」とは、学校にいる教員だけを指すのではない。地域と共に教育を創っていくとは、学校が地域に開かれるとは、そういう意味も持つのではないだろうか。

「前じゃったらそんなことは考えられんかったと思うんですけど」と前置きして元樋は言う。「もし我が子が大崎海星に行きたいって言うたら、『おう、ええんじゃないか』って言えると思うんです」。それは、魅力化に関わった人間たちが夢にまで見た一言だろう。そしてこう続けた。

「いま大崎海星で学んどる子らもそうじゃし、自分の子、島の子たち全員にとってもそう。僕たち地域住民にとってもそうかもしれません。『あなたにとって大崎海星高校とは何ですか』って聞かれたら、僕はこう答えます。『未来への期待』じゃって」。

元樋　泰次郎（もとひ・たいじろう）

1985年生まれ、大崎上島町出身。大崎上島町商工会青年部部長。伸和産業株式会社工場長。高校入学と同時に島を出て、大学進学に伴い大阪へ。卒業後は島に帰り、家業である造船業の会社・伸和産業に入社した。当初はあまりこれといった印象のなかった大崎海星高校が変わり始める姿を目の当たりにし、「地域と共にある学校」の価値に気付いていく。小3を筆頭に5人の子どもを育てる、頼れる父でもある。趣味は釣りで、釣った魚を自分で捌き、子どもたちに食べさせることが何よりの幸せ。

もし将来、島を出ていくとしても

大崎海星高校2年
濱田 紗代

私はもともと、大崎海星に通う姉が仕事図鑑PJに参加していて、興味はあったんです。そのころ私は中学生で「インタビュー？ すごいな、高校生って！」って思ってました。それから私も大崎海星に入学して、「今度は広島商船の生徒とも一緒に作るよ」という話になって。商船に通ってる友達もいたから「一緒にやってみようよ！」って誘い合って参加したんです。

ただ実は、特に「島のことが知りたい！」という動機じゃありませんでした。人と話すのが得意じゃなかったから、これでちょっとは克服できたらいいなあ、って気持ちが強かったです。将来は薬学部に進んで何かの研究職に就きたいと思っていて、そうすると大学院へ進む道も出てくるかもしれません。でも、本で「必ずしも自分が希望する研究室に所属できるとは限らない。研究意欲をきちんとプレゼンできないとダメ」って書いてあるのを読んで、そういう時にも役立つんじゃないかなって。とにかく「自分を成長させたい」っていう気持ちが一番でした。参加してみて実際にその成長を感じたし、おかげで他の行事や課外活動にも積極的に参加するようになりました。

でも、予想外なこともあったんです。インタビューでいろんなお話を聞かせてもらって、新しい発見がたくさんありました。中でも強く心に残ったのは、大人たちがいかにこの島のことを大好きなのかということ。一度は島を出たものの、Uターンして家業のお店を継がれた方がいらしたんですけど、その理由が「地域の人に恩返しがしたい」というもので、なんてステキな考え方なんだろうって。思えば、最初に仕事図鑑の企画を立てた大人たちも、島が大好きだからこういう冊子（仕事図鑑）を作ろうとしたわけだし、事業者の人たちも島が大好きだからこそ取材を受けてくれたんですよね。なんだか、ジーンときちゃって。

私は夢が研究職だから、将来はたぶん島の外で生きていくことになるんだろうとは思っています。でも、大崎海星高校に来て、仕事図鑑や（高校の魅力を生徒の手で広報する部活動の）みりょくゆうびん局の活動を経験して、この島をもっと知ることができた。好き度？ 島の記憶？ なんて言うんだろう、自分の中で「大崎上島」という存在が濃くなった。同じ島を出ていくのでも、そういう気持ちで出ていくのとそうでないのとはぜんぜん違うと思うんです。「成長したい」っていう気持ちが仕事図鑑への参加動機だったけど、こんな考えが芽生えたことも、きっと大きな成長だったんだろうなって感じています。

COLUMN

人間本来の、本能的な学びへの挑戦がここにある

広島大学大学院
人間社会科学研究科准教授
永田 忠道

学校は何のために存在するのでしょうか。人類の長い道のりと比較すると、近代的な学校やその制度の歴史はほんのわずかな時間にしかすぎません。日本に限定して考えても、近代的な学校制度が始められてから、まだ150年ほどです。ここで改めて考えてみたいことは、学校教育の制度ができるまで、人々は何をどのように日々学んで人間としての成長を遂げてきたか、です。その本質は実は狩猟採集の時代から変わらずに、学校の歴史とは比較にはならない長い年月の中で、人々の成長を促してきました。その学びとは「日々の生活の中で生じる出来事や問題や課題を、家族や地域の人々と知恵を出し合い、話し合いを重ねることで（命をもかける）多くの失敗を繰り返しながら解決に向けて挑戦的に試行錯誤すること」でした。

では、そのような学びから学校教育への転換にあたり、最も重視されたことは何か。それは安全性と効率性でした。個々人による命をかけた挑戦的な試行錯誤でなく、学術的な研究や探究の中から生まれた英知を領域ごとに区分けして、学科や教科という形で効率的に教え授ける機能や施設が近代的な学校の原点です。このような学問的成果の効率的な伝達機能や施設が果たしてきた役割はやはり絶大で、私たちはわずかな歴史的時間で、それまでの人類が長い年月をかけても解決できなかったことさえも、学校の中でいとも簡単に学び取れるようになってきました。

しかし、いまこのような学校の機能の限界性が突き付けられています。あまりにも学びの効率性を追い求めすぎた学校は人間が本来最も大事にすべき本能的な学びをも奪ってしまっている現状にあります。その本能的な学びとは何か。それは「日々の生活の中で生じる出来事や問題や課題を、家族や地域の人々と知恵を出し合い、話し合いを重ねることで（命は大事にしながら）多くの失敗を繰り返しながらも解決に向けて挑戦的に試行錯誤すること」です。

大崎海星高校の取り組みは、このような本能的な学びを取り戻す大いなる挑戦的な試行錯誤です。そのため、これからも大きな成功と共に、多くの失敗も待ち受けているはずです。でも、だからこそ、大崎上島町と大崎海星高校が進めている「島の仕事図鑑」をはじめとする地域を核としたキャリア教育による高校魅力化プロジェクトの挑戦と試行錯誤の中から、学校や地域の在り方の新たな潮流が、巧みにしなやかに創り出されていくものと期待しています。

島のみらい図鑑「継ぎて」編

島の仕事図鑑に続く新しいテーマ「(仕事や生業の)継承」に着目。このころから主体的に学ぶ高校生がさらに増えた。ここまできたら、枠さえ取り払えば、生徒たちはさらに想像を越えた発想や行動を見せるようになる。自ら周りを巻き込んだり、大人にも刺激を与えたりするようになってきた。

継ぎては島の宝物

記事と写真のクオリティがはるかに高まっている。冊子と共に成長してきた生徒の姿を感じ取ることができる。継ぎては島の産業にとって大切な課題。若い人が継業する姿は島の宝物であり、それを宝石のように表現している。島の形はよく描かれるが、あえて航路の多い「北」を下にして描写。生徒たちにさまざまな視点があることを感じ取って欲しいというメッセージを込めている。

CHAP.
6
商工会職員

やる「理由」「意義」さえあれば、産業界の協力者を巻き込める

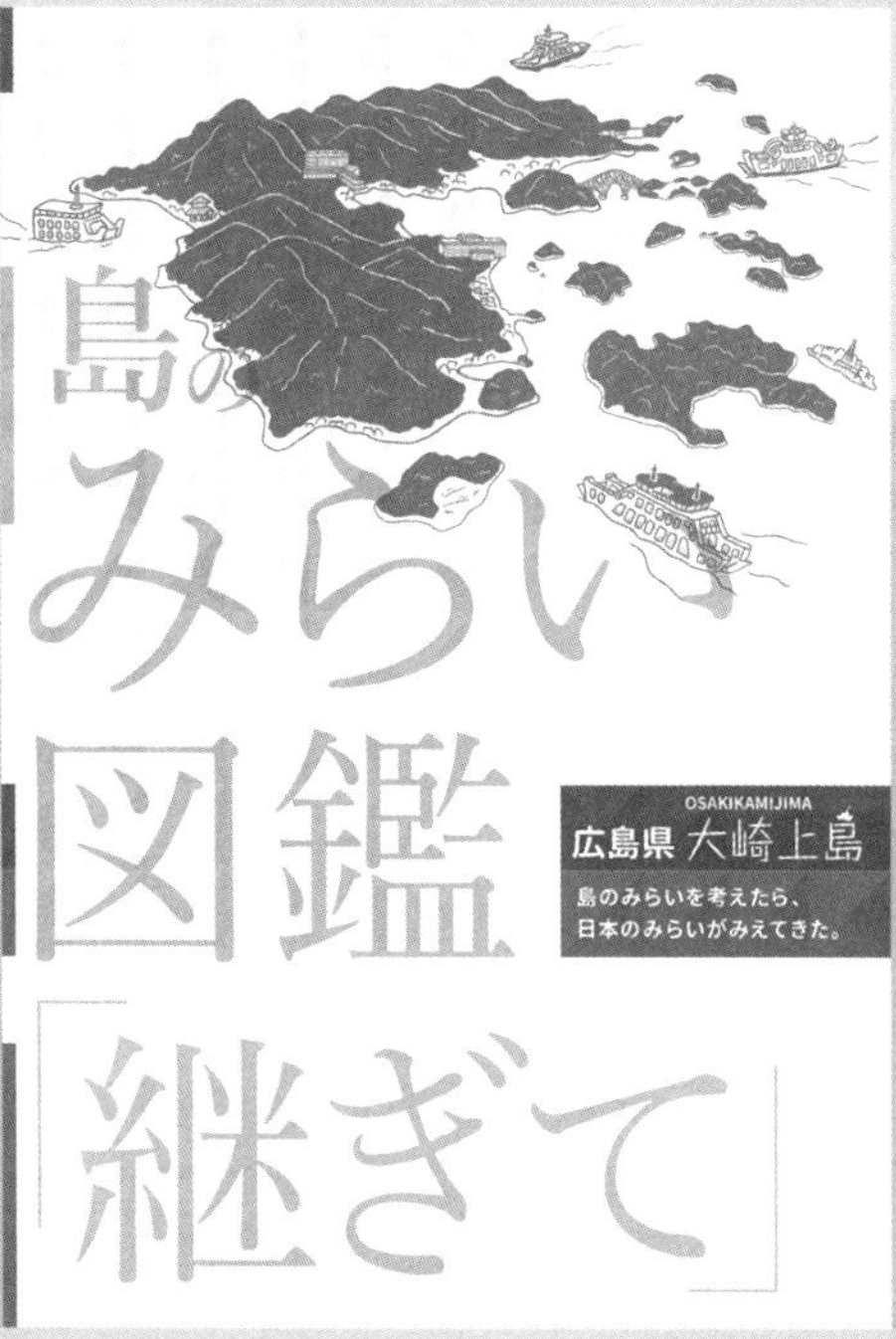
島のみらい図鑑
「継ぎて」
OSAKIKAMIJIMA
広島県 大崎上島
島のみらいを考えたら、
日本のみらいがみえてきた。

島の商工会で総務企画課課長を務めた渡川誠之《おりかわせいじ》。取釜らと共に仕事図鑑ＰＪを立案し、島の事業者らの協力を取り付けた。商工会という立場から、学校教育よりも地域産業の振興やそれに伴う移住定住促進に軸足を置いている。ＰＪに公的予算が投入される背景を鑑み、特定の事業者のみへの利益誘導や広告にならないよう配慮、事業者にとってのメリットを明示するほか、制作上のアドバイスを送るなど、一見、利害の一致しない両者の接点を見出し、このコラボレーションを成功に導いた。一方で、高校生ならではの斬新な視点や、先入観や屈託のない発想に感心し、島の若者の人材的ポテンシャルにも大きな可能性を見出した。

餅は餅屋

仕事図鑑ＰＪを進めていくにあたり、絶対に欠かせないのが取材対象者探しだ。つまり、生徒たちのインタビューに応じてくれる「はたらく大人」たちをどう見つけ、どう協力を取り付けてくるかである。その中心を担ったのが、大崎上島町商工会だ。商工会とは、経産省下の特別認可法人である公的団体。地域の経済

振興を図るため、税務や労務、金融斡旋、販路開拓など、さまざまな角度から地元商工業者の経営支援を行っている。加入は任意だが、全国平均でも5割以上の事業者が加入しており、その網羅率は高い。つまり地元の中小企業などに、最も「顔がきく」存在だと言っていいだろう。

学校が地域と連動していく中で、最初にぶち当たる壁がおそらくここだ。とにかく、地域に対してネットワークをほとんど持っていないからである。それは個々の住民に対してもそうだが、地元の事業者も同様だ。卒業する生徒の就職などで接点を持つことはあるが、その数も決して多くない。ただでさえ「仕事がない」と言って島外への人材流出が止まらないのが、地域の抱えるそもそもの課題なのだから、当然と言えば当然だろう。ただ、その「仕事がない」という考えが先入観の産物であり、大いに誤解をはらんでいたことを、仕事図鑑PJを通じて当の生徒や教員が知ることになるのだが。

ともかく、教員が手あたりしだい、やみくもに地域へ直接交渉をかけるのは効率的ではない。やはり餅は餅屋だ。まずはPJに必要な対象と直接的な接点を持つ人物や組織と繋がり、その協力を仰いでいくほうが早いであろう。

「島の仕事図鑑」の産声

大崎上島町商工会・総務企画課の課長だった渡川誠之は、眉をひそめて思わず声を上げた。「は？ 図鑑??」。

移住定住促進のため、コーディネーター兼移住定住アドバイザーでもあった取釜宏行や、町の担当者らと「何かできないか」とミーティングしていたときのことだ。この時点で、高校魅力化ＰＪとは関係のない企画だった。

「ツアーか何か組むか?」「いや、パンフでも作ったほうがええんじゃないん?」。あれこれ意見は出るが、どれもありきたりで、今さら感が拭えない。そんな中、取釜はこう切り出した。「島の職業紹介冊子を作ったらどうかと思うとるんです。ほんで、ここを大崎海星の高校生らに関わらせて、彼らに作ってもろうたら面白いんじゃないか思うて。仮タイトルは『島の仕事図鑑』です」。

正直、ピンとこなかった。図鑑といえば、動植物などが図や写真で解説されている、あの分厚い書籍がまっさきに頭に浮かぶが、それと仕事紹介がどうしても結びつかなかったからだ。「いやあ、取釜くん。図鑑って……。教育的にはそれっぽくてええかもしれんけど、商工会としてはちょっとどうじゃろうかのう……」。

「図鑑」という名前の是非はともかく、商工会のこの視点は無視できない。仕事図鑑ＰＪは、高校生たちが制作に関わりを持ったことで教育的な成果に注目が集まりがちだが、本来は商工会が主体の移住定住促進のための企画である。移住定住を希望する人に必要なのはまず収入の確保であり、島に魅力的な働き先があるという情報だ。島の事業者も、新たな人材確保ができるのであればありがたい。商工会として、教育よりも産業振興に軸足があるのは当然だった。

立場や背景の異なる組織が協力して一つのＰＪを作り上げていくとき、意見や利害が一致しないのはよくあることだ。特に仕事図鑑のようなＰＪを学校主導で進めていこうと思えば、協力者の立場や事情の理解を怠ってはならない。いかにそのＰＪが教育的意義の高いものであっても、その価値観だけを一方的に押し付けるのは得策とは言えないだろう。事業者の味方であることが原則の商工会に「子どもたちの教育のために」という正論をぶつけても、互いの利益に接点がないからだ。これでは、商工会がＰＪに加わる意義そのものが消滅してしまう。

よしんば、教育的価値を担当者個人レベルで理解してもらえたとしても、組織が動くには「予算」や「稟議」というものがある。理念や信念だけで協力を得ることができれば理想的な感動秘話にもなろうが、やはり当該組織がそこにお金や人員を割くべき必然性を示す合理性・ロジックは必要不可欠だ。

つまり大事なのは、関わるステークホルダーがお互いにメリットを受け取れる形にすることである。今回の場合で言えば、仕事図鑑が教育的見地だけでなく島の事業者や移住定住希望者にとってメリットがあると、商工会に理解してもらうことだ。もちろんそれは、逆の立場になっても言える。民間や行政側から学校に働きかけようと思えば、そのＰＪの教育的価値やメリットを提示する必要があるのだ。

取釜も、そこを丁寧に説明した。単に仕事情報を羅列するのではなく、そこで働く「人」を切り口に紹介する冊子であること。彼らの口から仕事のやりがいや楽しさを、島の文化や魅力と絡めて語ってもらうこと。高校生が作ることで、彼らが島の産業を見直すきっかけにもなること。それが移住定住希望者の不安を取り除き、島の事業者も新たな人材確保に繋がっていくこと。そうした島の魅力がいっぱい詰まっているから『図鑑』なのだということ……。

渡川は当時を振り返ってこう語る。「商工会で産業振興やそれに伴う移住定住促進に携わりながら、いつも抱いとった不満がありました。『島には、こんなにいろんな会社（仕事）があるのに、なかなか分かってもらえんのう……』『主幹産業の農業や造船も、しんどい仕事じゃっていうイメージばかりが先行して、なかなか希望する人もおらんし……』と。でも取釜くんの話を聞いて、仕事図鑑のような見せ方なら、そのハードルも下がるんじゃないかと思えてきたんです」。最初は違和感を抱いた「図鑑」という名前も、県内外で有名な事例となり、ブランド化されていくことで、いまではそれ以外ありえないと感じるほどなじんでしまったと笑う。

ちなみに仕事図鑑は、予算上の問題なども鑑み、できるだけページ数を抑えて制作されている。その分、企画の趣旨や背景、プロローグやエピローグ、「そもそもこの冊子は何なのか」を説明するページを一切設けていない。表紙をめくれば、いきなり仕事が紹介されているのだ。つまり「メインコンテンツのみ」が存在するシンプルな冊子である。その構成において、「島の仕事図鑑」という名称は、表紙を見ただけで読者はそれが何なのかを理解できる。結果論ではあるが、そうした点においても「仕事図鑑」という名前は効果的だったようだ。

失われる地場産業への関心、拭えぬ「仕事がない」という誤解

仕事図鑑PJが動き出す以前、商工会では大まかにこんな二つの課題に頭を悩ませていた。一つは、UIターン希望者に有効的な仕事情報を発信できていなかったこと。二つ目が人材不足・後継者不足だ。

「島には仕事がない」と言うが、そんなことはない。大都市と比べると少ないだけで、ないわけではないのだ。しかし、若者は島の外に出ていく。島の主幹産業・造船の晴れ舞台である「進水式」（完成した新造船舶が初めて水に触れる際の儀式）さえ見たことのない子どもが増えるなど、若者たちが島の産業への関心を失っているようにも感じていた。UIターンによる新規就業者も爆発的に増えるわけがないし、「仕事がない」という誤った先入観がさらにそれを邪魔する。その波に勝てず、歴史や伝統、高い技術を持つ魅力的な事業者が廃業していく姿をどれだけ見送ってきただろうか。忸怩たる思いを抱えていた。

もちろん、仕事図鑑を作ったからといって、それですべてが一気に解決するわけではないことくらいは分かっている。しかし、何もしないわけにはいかない。もしかしたら、仕事図鑑を見て移住者や新規就業者、島に残ろうとする若者が増えるかもしれない。仕事図鑑制作に関わった高校生たちが、これをきっかけに将来の職業選択の一つにその事業者を入れてくれるかもしれない。小さなちいさな未来への希望を、仕事図鑑

に少しずつ折り重ねたのだ。

それまでも商工会は、移住定住者向けに仕事情報をリリースしていたが、いかんせんやり方が〝お役所的〟だった。例えば一つの会社を紹介するにしても、資本金がいくらで、職務内容や雇用条件はこうで……という、お固い数値データや必要最低限の文字情報ばかり。これでは、その仕事を「説明」しているにすぎず、魅力を発信するといった体を成していなかった。もっと対象者の心をグッと掴むような情報発信をしたかったが、そこまで手も回らずなんとなく先送りにされ、誰も手を付けない状態になっていたのだ。そこへ仕事図鑑の企画がふってわいたわけだ。こうした点も、商工会にとってメリットだと判断できたのである。

ＰＪをやる必然性と筋書き

加えて、予算を確保できていたことも大きい。今回の仕事図鑑ＰＪは、移住定住促進の名目で、町がその財源を供出している。この話が渡川のもとにきたとき、すでに予算は確保されていたのが良かった。商工会単体で予算をつけるのは時間がかかるし骨も折れる。いきなり学校側から「仕事図鑑を作りたい。予算は商工会で負担してください」と言われても無理な話だ。しかし、この状態であればすぐ動ける。

さらに渡川はこう付け加えた。「なまじ行政側に予算枠や余剰金があったとしても、学校にそのお金を使おうと思うたら、議会や教育委員会、そのほかの関係部署への合意や段取りにも相応のステップが生じます。

ましてや商工会が学校のためにお金を出そう思うたら、なおさらでしょう。何で学校のために商工会のお金を使わんといけんのじゃ、って突き上げを食らうのは火を見るより明らかです。分かりやすい理由がいるんですよ。でも、『移住定住促進のための産業振興費用』として、行政が商工会に予算をつけるんじゃったら、筋が通りやすい。名目が立てば、行政も支出しやすいんじゃと思います。いま振り返ってみたら、仕事図鑑は、行政と商工会、学校の三位一体プロジェクトじゃったんかもしれませんね」。

実際に仕事図鑑は移住定住促進の事業であり、あくまで高校がそこにうまくコラボしたにすぎない。限られた予算の中で魅力化を進めていこうと思えば、こうした「一見、教育とは関係なさそうな、すでに存在する別の企画に乗る」形での連携もできるということだ。コラボするステークホルダー全体に、メリットと「関わる理由」という筋書きがあれば、不可能なことではないのだ。

確かに、予算をどこが捻出するかはケースバイケースだろう。魅力化の場合、行政・教育委員会が負担することが多かろうが、彼らとて決して潤沢に資金があるわけではない。近年であればクラウドファンディングも有効であるし、何かあればすぐ行政に資金協力を仰ぐのではなく、自ら調達する方法も模索し続けるべきだ。ふるさと納税の制度を使って、自治体がクラウドファンディング方式でＰＪへの資金協力を募る「ガバメントクラウドファンディング（ＧＣＦ）」も、新たな資金調達法として注目を集めている。

いまでこそ魅力化成功事例の代表格の一校と全国的に認知され、ＰＪも町をあげての一大事業として積極的に支援できる環境となっているが、そんな大崎海星でも、最初はこうだったのだ。予算がないから魅力化できない、というのは理由にはならない。やりようはいくらでもある。そんな視点と気概が大切だ。

ただし、行政や商工会、多数の民間事業者が絡む形でこのようなＰＪを実施する際には注意も必要だ、と渡川。「事業者さんの広告宣伝にならんようにせんといけません。求人広告や会社案内を作っとるわけではないですから。商工会がその予算を使って特定の事業者さんだけを利するようなことがあっては、中立性が保てんようになってしまいます」。

結果として仕事図鑑は、メディアにも多数取り上げられるなど、露出も多くなった。こうなると、広告媒体としての価値を求めて「どういう基準で掲載企業を選んでいるのか」「なぜあの会社を載せて、うちは載せてくれないのか」と、あらぬ疑いや不満を生じさせかねない。実際にそのようなことを言う事業者はいなかったが、このあたりは、細心の注意を払う必要があった。

では、具体的に渡川はどうしたのだろうか。仕事図鑑をよく読んでみると気付くが、実は各事業者の社名はどこにも出てこない。所在地や連絡先の記載もない。写真も、ユニフォームや作業着に印字された社名が見えないように配慮している。あくまで、業種とそこで働く「人」にフォーカスして紹介する〝図鑑〟としての体を崩していない。「事業者さんへの協力依頼も、大きな視点で説明することが大事です。例えば造船なら『造船業全体の理解促進や活性化のために』という趣旨で伝える必要があります。目先の宣伝や利益のためではなく、理念に共感してもらうイメージですね。後は『教育的価値に寄りすぎない』ということです。教育においてこんな価値があったという打ち出しではなく、産業振興においてこんな価値があった、という体裁で示すこと。完成後のリリースでも、高校生が作ったことを前面には押し出さず、『島の若者が作った』という表現に留めていました。結果として第1弾の発行からいまに至るまで、事業者さんからクレームが入ったことは一度もありません」と渡川。こうした配慮の数々も、制作上の一つのポイントだと言えよう。

高校への見方が変わった

一方で、商工会単体でPJを動かすのは難しかっただろうとも感じる。事業者へのコネクションはあっても、学校との接点はなかったからだ。キーになるのは、やはりコーディネーターの存在だと渡川は言う。取釜や円光が間を取り持ってくれたからだと。

仕事図鑑というハブができるまで、商工会と学校の間に深い繋がりはなかった。あるとしたら、職業体験学習の体験先を少し斡旋するくらい。少なくとも、「島のために手を組んで一緒に何かやる」という対象ではなかったし、そんな発想を持ち合わせてもいなかった。大崎海星高校にも、これといった印象はなかった。接点がないのだから、知りようがないのも当然だろう。もちろん大林秀則校長ともこの時点で面識はなく、後日、取釜に紹介されてからの関係だ。

しかし実際に動いてみて、大林と会ってみて、生徒たちと接してみて、明らかに大崎海星へのイメージは変わった。「地域と一緒に何かやろう、連携を密にしようという姿勢に感心しましたね。最初は『魅力化』っていうのが何なのかもよう分かってなかったし、大崎海星に限らず、学校が地域と協力して何かをする存在になるなんて思うてなかったんです。どっちか言うと、学校そのものに堅苦しいイメージを持っとりましたから」。

それは学校そのものだけでなく、生徒に対しても同様だ。「商工会の人間として『島の産業のために』という想いはあるのに、その未来を担うかもしれん肝心の子どもたちのこともなんにも知らんかったし、知ろうともしてなかったなあと反省しました。こんなにええ子らが、こんなにいっぱいおるのに。そういう意味でも、やっぱり仕事図鑑をやって良かったと思いましたね」。

渡川は事業者を紹介したり、企画前の打ち合わせで大崎海星を訪れたりはしたが、ミッションはそこまで。生徒たちの取材に直接同行したわけではない。しかし、完成した仕事図鑑を見たとき、それがとても良いインタビューで、事業者たちにとっても素晴らしい機会だったことはすぐ分かった。写真の中の彼らは、最高の笑顔を浮かべていたのだ。本当に「いい顔」をしていた。商工会職員として、いちばん見たかった表情だ。「私もそうでしたけど、最初に仕事図鑑を見た人のほとんどが『この写真はどのカメラマンさんが撮ったん？』って聞くんですよ。あまりにもええ表情の写真で、当然プロが撮ったものじゃとばっかり思うとったんです。そしたら、高校生が撮ったって言うじゃないですか。まあ驚きましたね。でも逆に、高校生じゃからこの笑顔や雰囲気が引き出せたんじゃろうと思うて。高校生が興味津々で自分たちの仕事のことを聞いてくれて、事業者のみなさんもよっぽど嬉しかったんでしょうね。島の仕事をいきいきと伝えたいっていう最初の目的においても、申し分ない出来映えでした」。

もちろん写真以外にも、「高校生ならでは」として感心したことがあった。商工会の人間では聞けない、そもそも発想が持てないような質問をしてくれていたのだ。例えば「仕事のやりがい」だが、商工会視点ではついここが抜け落ちる。仕事を紹介することにばかり気を取られ、淡々とその仕事の仕様説明に終始しがちだ。しかし高校生の純粋さは、「何が楽しくてこの仕事をしているの?」と、ド真ん中の直球を投げ込んでくる。仕事を紹介するためというより「自分が知りたいから」という混じり気なしの好奇心であり、自分たちとは発想のスタートラインが違うのだ。

仕事図鑑誌面内の企画で見せた「造船男子」のアイデアにも驚いた。造船業は油と泥と汗にまみれる仕事で、そこがUIターンの就業希望者からも、時に地元の若者からも敬遠されることがある。自分たち大人は「そういうものだから」で片づけていたが、生徒たちはそのイメージを覆す方向で発想した。女子高生目線を活かして「造船男子」という今風のカテゴリーを生み出し、カッコいいユニフォームをデザインするなどトータルコーディネートした。「造船業はハイセンスでイケてる仕事」というブランディングを生み出して見せたのだ。自分たちがいかに思考停止に陥っていたか思い知らされると同時に、高校生だからこそ抱ける、先入観のない若い感性に思わず唸った。

商工会は事業者に資することが目的であるから、視点が事業者寄りになることも、その分、就業希望者の視点が弱くなるのも、ある程度は仕方ない。しかし、高校生はこれから社会に出る存在だ。就業希望者に近い目線を自然と持てる。「もし自分が働くなら」という立場でその職業を見ているし、職務内容の詳細よりも目の前の「人」のことを知ろうとしている。だからこそ自然とやりがいを尋ねるし、その仕事をカッコよくプロデュースしようという気持ちが芽生えるのだ。

こうした創造性は次世代人材としても非常に有効であるし、もしかしたら島の産業を大きく変えてくれるかもしれない。何よりそんなポテンシャルを島の子どもたちが持っていることを、商工会も知ることができた。高校生が示したその可能性は、閉塞感の闇を漂う小舟を導く灯台のような、一条の光だった。

「変人」であれ、狂気の宴を楽しめ

「すべてにおいてタイミングも良かったんじゃと思います」と渡川。移住定住促進の企画を考えていた時に、ちょうど高校魅力化PJが始まったこと。取釜がいたこと。大林という意志あるリーダーが赴任してきたこと。商工会の担当者が自分であったこと。「一般的にはね、商工会はこういう企画はやりたがらんと思うんですよ。でも、たまたまここに仕事図鑑という企画と、それを学校と結びつけるアイデアが出てきた。熱心な校長先生も来てくれた。取釜くんが間をつないでくれた。私自身もこういう企画は嫌いじゃない。要は、うまい時にうまいこと『変人』が三人集まったんですよ」と笑う。

人の巡りあわせやそのタイミングは縁の問題だし、意図的に何かをすることは難しい。しかし、渡川が自分たちを冗談交じりに「変人」と称したのは、むしろ最高の褒め言葉である。イノベーションはいつだって、狂気から生まれるものだからだ。高校魅力化という未開の荒野に挑もうというイノベーティブな発想自体が、もはやまともな精神構造ではない。やらない理由など考えない。やれる方法を考える。常識にも前例にもとらわれず、ただ「やる」という信念と行動のみがそこにある。魅力化人材たちよ、変人であれ。狂気の宴を楽しめ。それくらいの心持ちでちょうどいいのだ。

今後の課題は、やはり成果だ。渡川は言う。「第1弾を作るまでは、実はそんなに難しくないんですよ。とりあえずでも、動き出してしまえばいいんです。でも大事なのはそれからですよね。作った自己満足だけで終わらせてはいけません。行政が予算を支出している以上、目に見えた成果も必要です。具体的には、仕事図鑑を見て島に移住した人がいるとか、家業を継ごうという若者が出てきたとか」。

確かに直接的な、あるいは数値で証明できるようなエビデンスはまだない。しかし、そこに繋がるだろう小さな〝芽〟が、地面のあちこちから顔をのぞかせ始めているのは感じる。その小さな芽は、そう遠くない未来に必ず花を咲かせ、結実するはずだ。

渡川　誠之（おりかわ・せいじ）

1961年生まれ、広島県竹原市出身。大崎上島町商工会・総務企画課課長（当時）。若いころは地元で信用金庫に勤めていたが、「思い切って新しい挑戦をしてみよう」と商工会の職員に。以来約20年、いつも会員（地元事業者）に寄り添い、コツコツとこの仕事に向き合ってきた。その穏やかで誠実な人柄と仕事ぶりは、多くの会員から厚い信頼を掴んでおり、取釜宏行らコーディネーターと共に、事業者から仕事図鑑への協力を取り付けていった。現在は安芸津町商工会勤務。趣味はマラソンと広島カープの応援。

さよなら、臆病だったあの日のわたし

大崎海星高校2019年度卒業
関西学院大学文学部文化歴史学科1年
榮 ことね

家の外からは鳴り止むことのない車のエンジン音。5分も歩けば、コンビニやスーパー、駅がある。まさしく「都会」な環境の中で育った私が中学校の修学旅行の民泊がきっかけとなり、大崎上島を訪れた。響き渡る鳥や虫の鳴き声、親切で優しい島のひとびと、初めて見る多島美に、満点の星空と流れ星は息を呑むほど美しかった。目前に広がるその景色は15歳の私に島暮らしへの憧れと希望を抱かせた。

後日、大崎海星高校の存在を知り、大崎上島学をはじめ、旅する櫂伝馬や島の仕事図鑑等、地域と関わる機会が多い事にも魅力を感じ、同校への進学を決意した。島のみらい図鑑では、島で働く大人へのインタビューと記事に使う写真撮影を行った。完成を見た時にはもちろん気分が高揚したが、それ以上に取材時に聞いた島や地域への想いや仕事に対する姿勢に心を動かされた。利益だけが目的ではなく、地域の人の為にできることは例え無償でも実行する姿はとても格好良く、仕事はお金稼ぎのためのものだと思っていた私の仕事観を変えた。

また私は中学3年生向けのPR動画を作成した。元々動画作成になんて一切興味がなかったが、他校の生徒が作ったPR動画に感化され「私もつくりたい!」と、PR動画プロジェクトを立ち上げた。当初はほんの出来心で始まったのだが、それでも挑戦することができたのは、大崎上島の環境だからこそだ。メンバーを募り、動画のプロの方の協力も得ながらプロジェクトを進めていくと、プロジェクトへの本気度が段々高まっていった。途中、チームをまとめる事に苦戦し何度も投げ出したいと思ったが、リーダーとしての責任感とメンバーの協力で納得のいく動画が完成した。

プロジェクトに参加したことで、島でのんびりと過ごすだけでなく、今まで考えもしなかったことを考え、想定外の壁にぶつかって思い悩んだ。そしてその反省から多くのことを学んでいった。成功も失敗も経験し、自分でも知らなかった自分に出会うことができた。最初は不安でも「やってみたら結構できた」というのが私の自信に繋がりチャレンジ精神を育んだ。

3年間を通して育まれた精神は大学受験へと繋がり、私の未来をも変えた。この3年間がなければ今の私はいないだろう。入学前は自分に自信がなくて卑下することが多く、何に取り組むにも臆病だった私を、大崎海星高校での3年間は大きく変え、人として成長させた。

COLUMN

島の明日を照らす道しるべとなれ

大崎上島町商工会長
小川　裕壮

これまで、夢を追って都会へ出ていく若者を数多く目にしてきた。その気持ちは分かる。かく言う私も、中学から本土の学校で寮生活を送っていたからだ。

だが、島を離れるからこそ湧く望郷の念もある。大人になり島の外で暮らしていても、ふと鼻をついた磯の香りに、ふるさとを思い出したものだ。その香りに誘われたのか、やがて私も、家業である衣料品店を継ぐためこの島へ帰ってきた。

ただ、大崎海星高校には、特別な思い入れは薄かった。島の人々も統廃合の話が出てきた当初、「なんとかしなければ！」という想いはあっても、機運までは感じられなかった。誰も口にこそしないものの、ある種の「諦めムード」があったように思う。

その空気を変えたのが、魅力化ＰＪだったのだろう。魅力化が目指す方向性の一つにあった「地域に資する人材を育てる」という理念や、関係者たちの熱意が私を含む地域住民の心を動かしたのだ。

子どもたちは、島の宝だ。ふるさとを愛する者の一人として、何とかその力になりたい。子どもたちに明日の高校を遺したいし、地域を愛する子どもを育てたい。そしてここから巣立った子どもたちが、巡りめぐってこの島を盛り上げてほしい……いろんな人たちの想いや行動がそこに託されていったが、その一つが私たち商工会と仕事図鑑だった。

私は、魅力化や仕事図鑑ＰＪを進めようとした先生方や若者たちの情熱に賭けた。もちろん協力は惜しまないが、あまり自分がしゃしゃり出るのではなく、サポートに徹しようと思ったのだ。

そもそも、仕事図鑑のような冊子を子どもたちが作るという着想は、私のような一時代前の人間ではなかなか得られないものだ。その発想に感心したし、完成した仕事図鑑を見たとき、それが間違いでなかったことも確信した。「これだ！」と思った。図鑑内の大人たちの表情や言葉は、先入観のない、島の子どもたちの純粋な視点にあふれていたからだ。

「働く」とは、楽しいことばかりではないものだろう。すべての人が「好き」を仕事にするのも、難しいかもしれない。だが私は、島の子どもたちにはせめて「自分らしく生きること」「そこにチャレンジすること」を忘れないでいて欲しい。その想いが、必ずやこの島の未来を育てるからだ。そして、「思えば、その道しるべを果たしたのが仕事図鑑だった」、そう言える明日がくると信じているのである。

高校生からはじまるチャレンジの連鎖

取釜さんとお話するのは楽しい。にこにこと笑いながら、人の話を聴いてくれる。一方で、子どもたちや島のことを語り出すと熱くなる。「この建物は、日本唯一の木造五階建ての民家です。当時の船大工の技術の高さを今に伝えています」

大崎上島には三度訪れた。ある夏の日。取釜さんと、瀬戸内海の多島美を眺めながら、自慢のレモンのかき氷を食べていた時、一生懸命に取材する大崎海星高校の高校生たちと出会った。生徒たちの活動は校内にとどまらない。島全域がフィールドだ。後日、記事は島民の目に触れるという。

日本青少年研究所などの研究によると、日本の高校生は、諸外国の高校生と比べて、自己肯定感だけでなく、「私の参加により、変えてほしい社会現象が少し変えられるかもしれない」という実感が低いという。ところが、大崎上島町はどうだろう。『島の仕事図鑑』を始め、地域や社会とつながる機会がとても多い。取材などを通じ、今の日本で最も必要な感覚が育まれているのではないだろうか。

本文では、コーディネーターの円光歩さんの言葉が印象に残った。「島の子どもたちもやがて成長して、島を出ていくときがくるかもしれません。そのとき『こんな島、出て行っちゃるわい！』と思うんか、いい思い出と名残惜しさを胸いっぱい抱えて、何度も島を振り返りながら海を渡るんか。この違いは大きいです。それは結局、島で何を経験してきたんか、何を与えられてきたんかに帰結するんじゃろうと思います」

大崎上島で変わったのは高校生だけではない。高校生と向き合う中で大人たちも、きっと大きく変わったのだろう。

昔から、地域づくりには、若者・よそ者・ばか者が必要と言われている。それぞれ既存の考えにとらわれず行動できる強みがあるが、冷静に考えれば、よそ者・ばか者は鬱陶しいだけかもしれない。若者だからかわいいとも言える。

ともすれば同質性圧力が強く、人とは違ったことが苦手な日本社会において、チャレンジに寛容な環境をいかにつくるか、ということは最も大切なテーマの一つだが、その重要なアプローチが若者の活用だろう。若者の失敗には多くの場合、寛容になることができる。失敗を繰り返しながら、チャレンジを続ける若者の姿を見て、子どもたちも身近な先輩に憧れ、また、大人たちも刺激を受け、チャレンジが連鎖していく。そして、チャレンジをしたい人々が集まってくる。

今、大崎上島は熱く、面白い。「教育の島」としての実績や風土、自然豊かな学習環境などが評価され、公立では全国でも珍しい「国際バカロレア」を取得できる「県立広島叡智学園」の誘致に成功しただけでなく、レモン栽培では、スマート農業の一環として重いコンテナを運ぶときにアシストスーツを活用、また、CO2を燃料として再利用する「カーボンリサイクル」の実証研究拠点の整備などさまざまな分野でチャレンジが続く。

ある秋の日。大崎海星高校の高校生たちが英語で発表をしていた。もともと英語が得意でも発表が好きでもなかったというが、練習の成果と気持ちが伝わるプレゼンだった。それを多くの島の人たちが見守っていた。島ではいまや当たり前となった風景に、僕は島の豊かさと温かさを感じた。

百聞は一見に如かず。読者の皆様もこの本を片手に大崎上島に一度渡ってみたらどうだろうか。瀬戸内海の心地よい風の中で、何かチャレンジしたい、応援したいという気持ちがきっと芽生えてくるはずだ。

井上 貴至（いのうえ・たかし）内閣府地方創生推進事務局参事官補佐
1985年大阪生まれ。2008年総務省入省。15年4月から自ら提案した地方創生人材支援制度の第1号で鹿児島県長島町に赴任。地元に戻れば返済を全て補填する「ぶり奨学金」など官民連携の取組が注目を集める。17年4月からは愛媛県市町振興課長。19年4月から現職。週末は地域の隠れたヒーローを訪ね歩く。座右の銘は「ミツバチが花粉を運ぶように全国の人をつなげたい」。ブログ「地域づくりは楽しい」が好評。共著に「ソーシャルパワーの時代」（産学社）。

地域と学校の本当のつながり

本書には、大崎上島町と大崎海星高校が取り組んだ「大崎海星高校魅力化プロジェクト」の軌跡が描き出されています。プロジェクトに関わった人々の覚悟と情熱、『島の仕事図鑑』の制作を通じて成長する大崎海星高校の生徒たち姿のがギュッと詰まっていて、そのエネルギーがこちらにも伝わってきます。そして、本書をお読みになられた方は、全編を通じて、大崎上島町の皆様の大崎海星高校の生徒への強い愛情を感じることと思います。地域と学校の本当のつながりがここにはあります。

さて、広島県は現在、「学びの変革」の全県展開により、全ての子どもたちの「主体的な学び」の実現に向けて取組を進めています。「主体的な学び」により、子どもたち一人ひとりが思考を深め、成長していくためには、「本質的な問い（エッセンシャルクエスチョン）」へ向かうようなプロジェクト型の学習を取り入れていくことが必要です。

大崎海星高校の生徒たちは、「高校魅力化プロジェクト」に関わり、『島の仕事図鑑』を制作するなかで、島の仕事、産業、島の魅力に改めて気づきます。そして、大崎海星高校だからこそ学べること、この学校に通う意味と価値を新たに見出していきます。このキャリア教育は、まさに、生徒たちに自分自身の生き方を問うものとなりました。もちろん、明確な一つの答えがあるわけではありません。しかし、だからこそ、生徒たちは自ら問い続け、成長し続けることでしょう。

大崎上島町と大崎海星高校の連携により実践されてきた「大崎海星高校魅力化プロジェクト」は、「地域に開かれた学校」「地域と共に創り上げていく学校」の実践であり、その成果は、連携を進めようとする他の地域と学校にとって、良いモデルケースとなるものと確信しています。

最後になりますが、本プロジェクトの実施にご尽力いただきました大崎上島町の皆様、学校関係者の皆様、学校を支えてくださっている全ての皆様に心より御礼申し上げます。大崎上島町が、子どもたちの未来を切り拓く「教育の島」として、ますます発展していくことを祈念しております。

平川　理恵（ひらかわ・りえ）広島県教育委員会教育長
京都府出身。1991年同志社大学を卒業し、株式会社リクルートに入社。トップセールスマンとして活躍し、1997年南カリフォルニア大学大学院への企業派遣留学生に選ばれる。同大学で経営学修士（MBA）を取得。帰国後の1999年、起業を志して退社し、留学支援の会社を設立。2010年全国で女性初の公立中学民間人校長として横浜市立市ヶ尾中学校に着任。「自立貢献」を教育理念として掲げた学校改革が注目された。2015年から3年間、横浜市立中川西中学校校長を務めた後、2018年より現職。

瀬戸内海に浮かぶ島の「学校」と「地域」の物語はいかがでしたか？

本書は、大崎海星高校魅力化ＰＪの５年間の軌跡を「島の仕事図鑑」シリーズ発刊に重ねて描いています。一方向ではなく、学校や地域、あるいは、当事者である生徒自身の視点や専門家も含めて様々な視点から描くことによって、より立体的にプロジェクトをお伝えしました。編著者である「大崎海星高校魅力化プロジェクト」には、プロジェクトに関わる全ての人々を含んでいます。

「学校」と「地域」の物語は、だれか一人が主人公ではありません。全員が主人公であり、一人ひとりがそれぞれの役割を果たしています。ただし、その主人公たちが繋がらなければ、大きなうねりにはなりません。ましてや持続することもありません。そのための一歩は「あなた」です。〝勝手な使命感〟を持った「あなた」なのです。その一歩を踏み出す後押しに本書がなったのであれば、これほど嬉しいことはありません。

本書制作にあたり、関わった多くの方に感謝いたします。

また、大崎海星高校魅力化ＰＪに関わるすべての方に、この場を借りて、お礼申し上げます。いつも生徒のために、そして地域のために、本当にありがとうございます。

最後に、本書出版にあたり学事出版の二井豪氏に大変お世話になりました。御茶ノ水の事務所で、「これは魅力化プロジェクトの裾野を広げるためにも是非やりましょう」と初対面であるにもかかわらず即答。自費出版を考えていた本書がこのような形で世の中に発信されることは、二井さんとの出会いなしにはありえませんでした。この場を借りてお礼申し上げます。

なお、本書の収益は全額、大崎海星高校の生徒の活動費に充てさせていただきます。

２０２０年7月吉日
大崎海星高校魅力化プロジェクト

大崎上島町商工会　制作

取釜 宏行（とりかま・ひろゆき）　制作コーディネーター
（大崎海星高校魅力化推進コーディネーター）
新卒でベンチャー企業2社を経て、2011年に大崎上島町へUターン。地域連携型の私塾を設立して、地域連携カリキュラム「島キャリ」を開発。「島キャリ」は、2016年キッズデザイン賞、2018年広島県ユネスコESD大賞受賞。2015年魅力化PJの立ち上げから参画。現在、株式会社しまのみらい代表取締役、一般社団法人まなびのみなと代表理事など、教育を起点とした持続可能な町づくりを模索。学校を「社会」に開くことで「教育問題」と「地域課題」を同時に解決する仕組みづくりに奔走。

松見 敬彦（まつみ・たかひこ）　文
（ライティングオフィス・トリガーワークス主宰）
広島県呉市出身、広島県立呉昭和高等学校卒。教育界を中心に数多くの寄稿・コピーライティングなどを手掛けるフリーライター。一方で、主体性なき若者時代を送った自らへの悔恨からキャリア教育に強い関心を抱き、自身も教育活動に携わるように。藤岡慎二氏（北陸大学・産業能率大学教授）率いる教育ベンチャー・㈱Prima Pinguinoにも参画し各地の高校魅力化PJをサポート、大崎海星高校では大学推薦・AO入試対策講座の講師を務める。島根大学「ふるさと魅力化フロンティア養成コース」1期生修了。

※登場人物の所属等は2020年7月時点のもの。

三浦 啓史（みうら・ひろし）　デザイン
（しましまコーヒースタンド デザイン研究所）
東京、埼玉のデザイン会社でデザインとアートディレクションに携わる。2013年に大崎上島へ移住。大崎上島町商工会臨時職員として広域観光開発の職務にあたる。その後、コミュニティのデザイン開発を始め、コミュニティを瞬発させる「しましまコーヒースタンド」、空き家を活用したコミュニティ「向山海辺の家」をデザイン。広島県主催「HAPPYシマす。OK Islandプロジェクト」中間発表で町長賞、最終発表で優秀賞受賞。大崎上島での知力体力を携え、2018年静岡県へUターン。

江森 真矢子（えもり・まやこ）　編集
（一般社団法人まなびと代表理事）
東京生まれ。私立学校の広報や探究学習プログラム提供等を通した魅力づくり支援に携わったのち㈱リクルートに転じ教育専門誌「キャリアガイダンス」シリーズの編集者に。2015年より3年間、岡山県和気町にて県立和気閑谷高校の魅力化コーディネーターを務める。現在、教育関連書籍等の編集・執筆のほか、講演等の活動を行なっており、島の仕事図鑑制作に参加する生徒向けのインタビュー講座講師を務めたこともある。編著作に『地域協働による高校魅力化ガイド～社会に開かれた学校をつくる』（岩波書店）。

教育の島発

高校魅力化＆島の仕事図鑑

地域とつくるこれからの高校教育

2020年8月20日　初版発行

編　著　大崎海星高校魅力化プロジェクト
発行人　花岡 萬之
発行所　学事出版株式会社
〒101-0021
東京都千代田区外神田 2-2-3
☎ 03-3255-5471
http://www.gakuji.co.jp/

編集担当　二井 豪
デザイン　三浦 啓史
印刷・製本　電算印刷株式会社

乱丁・落丁本はお取り替えします。

ISBN 978-4-7619-2647-2 C3037 Printed in Japan